Behalte den Flug im Gedächtnis

W0083418

BEHALTE DEN FLUG IM GEDÄCHTNIS

SUDABEH MOHAFEZ

ERZÄHLUNGEN

edition AZUR

VORWORT

Manche Geschichten kommen nur in die Welt, weil sie von ihr gerufen werden. Das war mir lange nicht bewusst, drängte sich aber, als die Idee zum vorliegenden Buch entstand, als Erkenntnis geradezu auf.

In den Anmerkungen zu seinem Band *nach den narkosen*[*] berichtet der Lyriker Paul-Henri Campbell davon, dass der Herzfehler, mit dem er geboren wurde, in seinem literarischen Schaffen bis dato ebenso wenig vorkam wie alle mit dieser biografischen Gegebenheit einhergehenden Fragen. Es gibt Themen, die kommen Schreibenden als literarische Topoi nicht unbedingt in den Sinn – auch wenn sie eng mit ihrem Leben verbunden sind. Das kann die unterschiedlichsten Gründe haben und ist, selbstredend, immer legitim: Die Tatsache, dass eine literarisch arbeitende Person mit irgendetwas eine Erfahrung hat, verpflichtet sie nicht dazu, darüber zu schreiben.

Mir ist es jahrzehntelang so gegangen mit Fragen zu meiner Bikulturalität, meiner Mehrsprachigkeit und dem Umzug meiner Familie aus dem Nahen Osten nach Europa. Sie interessierten mich literarisch nicht. Als Enkelin und Großnichte überzeugter Nationalsozialisten und als Tochter einer Mutter aus der von Sabine Bode so bezeichneten deutschen Kriegskinder-Generation beschäftigten mich Fragen der NS-Tradierung, der transgenerationalen Traumaweitergabe und der daraus resultierenden psychischen und physischen Gewalt im innerfamiliären Umgang der zweiten, dritten und inzwischen bereits vierten Generation erheblich mehr als meine iranisch-deutsche Herkunft: Sie gab mir weder Rätsel auf noch verursachte sie mir Probleme.

Folgerichtig nehmen meine beiden Romane und ein Großteil der von mir verfassten Kurz- und Kürzestprosa direkt oder indirekt unterschiedliche Aspekte der Kriegsenkel-Thematik auf. Sie literarisch zu fassen, war ein Bedürfnis, das mein Schreiben von Anfang an und beinahe durchgängig inspiriert hat.

---

[*] Literaturverweise zu allen zitierten Werken finden sich in den Anmerkungen am Ende des Buches.

Nun ist es aber mit dem, was eine Person interessiert, und dem, was die Welt an dieser Person interessiert, manchmal so eine Sache: Ungeachtet meiner eigenen Schwerpunkte und der Themen meiner Bücher zielt nämlich der Löwenanteil aller literarischen *Auftrags*arbeiten, die ich erhalte, auf Fragen der Migration, der Interkulturalität und der Multilingualität.

So entstand, von mir selbst gänzlich unbeabsichtigt, ein thematisch zwiefältiger Korpus aus Texten: Da gibt es jene, die aus meinem persönlichen Schreibinteresse resultieren, die um Weitergabe von Traumata, das Überleben gewalttätiger Strukturen und, vor allem, um die Rückkehr in die Liebe kreisen. Und es gibt die anderen, die auf Lebenswirklichkeiten der Mehrsprachigkeit, der Vielfalt, der Hybridität auch der Kulturwechsel fokussieren und so gut wie immer durch Anfragen von außen entstanden sind.

Die meisten Texte dieser zweiten Gruppe habe ich jahrelang stiefmütterlich behandelt und eher als Nebenprodukte meines literarischen Schaffens betrachtet. Auf Lesungen, bei denen ich den einen oder anderen von ihnen als Zugabe vortrug, stellte ich dann aber fest, dass es im Publikum ein enormes Interesse auch an diesen Erzählungen gab. Eine beglückende Erkenntnis, denn aus eigenem Antrieb hätte ich die allermeisten dieser bislang nur verstreut erschienenen Geschichten niemals verfasst.

So ist die Publikation des hier vorgelegten Bandes für mich ein doppeltes Geschenk: zum einen durch die Wertschätzung meiner literarischen Arbeit und persönlichen Erfahrung, aus der sie resultiert. Zum anderen durch die Ermöglichung der Bündelung von Arbeiten aus weit über zehn Jahren in einem Buch. Ein Umstand, den ich der wunderbaren edition AZUR zu verdanken habe, einer der Perlen unter den unabhängigen Literaturverlagen, die es in Deutschland zurzeit in beglückend hoher Zahl gibt und hoffentlich noch sehr lange geben wird.

Itzehoe im September 2017
Sudabeh Mohafez

VON

DEN

HEIMATEN

DER ALTE KÖNIG

An dem Tag trug ich ein Dirndl. Ich hatte drei verschiedene und dies war mein Lieblingsdirndl: grün mit kleinen Rosen darauf. Es war warm in Teheran, die Sonne blendete.

»Oktober 1966« steht in der runden Schreibschrift meiner damals einunddreißigjährigen Mutter auf der Rückseite des Fotos. Die schwarze Tinte ihres Füllers hat mit den Jahren die Farbe eines tief dunklen Aquamarin angenommen, und ich kann mir die Tatsache, dass ich mich an die Begebenheit überhaupt erinnere, obwohl ich gerade erst drei geworden war, nur damit erklären, dass wir im Familienkreis später noch mehrmals Ähnliches erlebten.

Was ich zu erinnern meine, ist schwammig und ungewiss – bis auf eines: das Wort, das der Mann, der auf dem Foto neben mir steht, freudestrahlend sagte. Es ist Teil der Hörerinnerungen meines Lebens geworden. Als hätte etwas in mir damals schon gewusst, dass es eine Wichtigkeit hat, etwas Wesentliches transportiert, etwas, das mir damals allerdings schleierhaft blieb. Und tatsächlich sollte es noch über zwanzig Jahre dauern, bis ich eine erste Ahnung davon bekam, was sich mir in diesem Moment, der, auf Zelluloid und Fotopappe gebannt, heute als Schwarz-Weiß-Reminiszenz auf meinem Schreibtisch liegt, dargeboten hat als fein gewebtes Muster im Teppich meines Lebens.

Meine Mutter, schwarze Pariser Pfennigabsätze, Dreiviertelarm-Oberteil aus einem Gemisch dunkler Seide und Baumwolle, knielanger, figurbetonter Rock und die Haare modisch hochgesteckt, bückt sich zu einem Wägelchen hinunter, das man heute Buggy nennen würde und in dem mein jüngerer Bruder sitzt. Ich lächle in die Kamera. Neben mir steht der junge Mann, vielleicht siebzehn, achtzehn Jahre alt, in schäbigem Anzug und einem häufig gewaschenen Hemd. Er strahlt meine Mutter an. Seine weiche, melodische und möglicherweise vom Stolz über seine Kenntnisse ein wenig gehobene Stimme klingt mir noch in den Ohren. Mit leuchtenden Augen sagte er: »Oilitleh!«

Er sagte es zwei Mal und beim zweiten Mal wendete sich meine Mutter mit einem höflichen Lächeln hilfesuchend zu meinem Vater um, der gerade das Foto schoss. Wie die Situation ausging, weiß ich nicht mehr, nur dass ich später im Auto fragte, was der Mann denn gesagt habe, weil ich das Wort nicht kannte und spürte, dass irgendetwas nicht in Ordnung war.

»Ach«, sagte mein Vater, »nichts weiter. Er hat ›Oilitleh‹ gesagt. Viele meiner Landsleute glauben, das sei die schickliche Art, Deutsche zu begrüßen.«

Ich verstand nicht, was er damit meinte, und machte ein Lied aus dem Wort, was meinen Vater zum Lachen brachte: »Oilitleh, Ohoilit-leeeeeeh, Ohoi-ohoi-ohoililtleheheeeee«, und immer so fort, bis meine Mutter auf dem Beifahrersitz herumfuhr, mich ärgerlich ansah und mir den Mund verbot. Erschrocken, verwirrt und verschämt starrte ich auf den Boden. Sie sagte nichts weiter, drehte sich nur um und schwieg beharrlich während der gesamten Heimfahrt.

»Was heißt das?«, fragte ich später meinen Vater, als er mich ins Bett brachte. »Was heißt ›Oilithleh‹?« Das Sprech- oder besser Sing-verbot hatte dazu geführt, dass ich inzwischen ganz vernarrt war in das Wort. »Und warum hat der Mann den Arm so komisch nach vorn gestreckt, als er es sagte?«

Vater strich mir über die Stirn.

»Es gab einmal einen König in Deutschland«, erklärte er. »Er hieß Hitler. Er dachte, die besten Menschen der Welt kämen aus dem Iran. Er nannte sie Arier. Und wie du weißt, ist der Titel unseres iranischen Königs Schahanschah Ariamehr: Kaiser der Könige, Licht der Arier. Die Deutschen mögen die Iraner deswegen, und die Iraner mögen die Deutschen. Genau wie deine Mutter und ich uns ja auch lieben. Diesen König begrüßte man so, wie der Mann auf der Straße deine Mutter begrüßte, als er herausfand, dass sie Deutsche ist: Man streckte den Arm aus uns sagte ›Heil, Hitler!‹ Mit einem persischen Akzent gesprochen, klingt das dann wie ›Oilitleh‹.«

Ich dachte über den alten deutschen König nach. Irgendetwas stimmte immer noch nicht. Mein Vater schaltete das Licht aus, aber ich rief ihn zurück.

»Warum darf ich denn nicht von dem König singen?«, wollte ich wissen.

»Weil er ein schlechter König war, mein Kind. Schlechte Könige soll man nicht besingen«, gab er mir zur Antwort. Dann zog er die Tür zu und ich spürte, dass dies eine abschließende Erklärung gewesen war. Eine, auf die keine weitere folgen würde.

In der Dunkelheit dachte ich darüber nach, was aus einem König einen schlechten König machte, kam aber nicht besonders weit damit. Also summte ich trotzig und mit fest geschlossenen Lippen meine Oilitleh-Melodie vor mich hin. Ich tat es, bis ich einschlief, und behielt diese Angewohnheit noch wochenlang bei.

BAUER SCHEURLE UND DIE
JUNGFER IM KÜRBIS
ODER: *WAS MAN VON HEBEL*
LERNEN *KANN*

In der Türkei, wo es bisweilen etwas ungerade zugehen soll, fiel eines schönen Herbsttages ein Kürbis von einem Wagen und rollte und rollte und rollte geradewegs ins Schwabenland. Dort kam er endlich nahe dem malerischen kleinen Orte Buoch am Felde des Bauern Scheurle in einem großen Haufen bereits zum Verkauf gestapelter Vettern und Basen zum Stehen.

Der Bauer Scheurle aber war einer, der sich gern begeisterte. Er hielt nicht viel vom Einerlei und Tageintagaus, welches das Landleben nun einmal mit sich bringt und für das einer entweder geschaffen ist oder nicht. Vor bald fünfzehn Jahren hatte er die Gundelsbacher Lisa geehelicht, die ihm seither immer eine gute Frau gewesen war. Kurz darauf hatte der Herrgott den beiden erst einen Bub, dann ein Mädle geschenkt. Beide gediehen prächtig und waren ihrer Mutter ganzer Stolz.

Nur unserm Freunde Scheurle war das herzliche Familienglück mit der Zeit ein wenig fad geworden, bis es ihm schließlich sogar ganz schal und geschmacklos schien. Nach nichts sehnte er sich mehr als nach einem kleinen Abenteuer, das ihm endlich wieder Kurzweil ins Leben brächte.

Als er nun anderntags aufs Feld kam, hörte er ein Schluchzen und sah sich verwundert um. Die Kuh, die weiter hinten widerkäute, konnte solch ein Geräusch nicht von sich geben. Der Bussard hoch oben in der Buche auch nicht, und geradeso wenig der Wind, der eben das erste Herbstlaub aus den Septemberbirken wehte. Bauer Scheurle lauschte und fand endlich, dass das Schluchzen aus dem Früchtehaufen erklang. Dann entdeckte er, als er nämlich näher trat, einen einzigen Kürbis, der größer war als alle andern und sich selbst zu wiegen schien: hin und her und hin und her, wie man wohl ein Kindlein wiegt, das warmen Trosts bedarf.

Nun, da der Bauer vor der so absonderlich sich gebärdenden Frucht stand, schälten sich ihm auch einzelne Wörter aus dem Schluchzen: »Oh, mein Erdal«, hörte der erstaunte Scheurle die betörende und ganz verzweifelte Stimme einer jungen Frau. »Oh, mein geliebter Erdal, werd ich dich wohl wiedersehen?«

Das Herze schlug dem Bauern Scheurle bis in den Hals hinauf und eine heiße Begeisterung wärmte ihm alsobald jede Faser seines Körpers. Er kniete neben dem Kürbis nieder und klopfte leise gegen die harte Schale.

»Könnt Ihr mich hören, gnädige Frau?«, fragte er.

Binnen zweier Atemzüge verstummte das Schluchzen und auf dem Felde bei Buoch entspann sich nun ein wundersames Gespräch.

Sie heiße Lilofar, teilte die Dame aus dem Kürbis unserm schwäbischen Bauern mit. Ein Dschinn, einer von der ganz schlimmen Sorte, habe sie verwunschen und in diese Frucht gesperrt, sodass sie nun hier in dieser barbarischen Fremde gelandet sei, aus der sie vielleicht nie wieder zurückfinden werde zu ihrem geliebten Erdal, dem sie versprochen sei. Ob er, der gute Freund Scheurle, ihr nicht helfen könne, aus ihrem Kerker sich zu befreien, damit sie alsdann heimgelange in ihr Land, um endlich den Verlobten zu ehelichen, was der boshafte Dschinn hatte verhindern wollen.

Nun glaubte der Bauer Scheurle zwar an Gott, den Allmächtigen, auch an seine Engel und Propheten, vor allem aber glaubte er an den Liebreiz orientalischer Jungfern. Zufrieden schmunzelte er und rieb sich die Hände, als er dem Fräulein zu verstehen gab, er würde gern helfen, jedoch werde die Rettung sich langwierig gestalten und sie, die entzückende Lilofar, müsse selbst so einiges dazu beitragen.

»Alles! Alles, was Not tut!«, rief da die Jungfer aus. »Wenn ich nur heim zu meinem Erdal komme.«

Der Bauer versprach, am Abend wiederzukehren. Der Kürbis begann aufs Neue, sich zu wiegen, hin und her und hin und her, und unser Scheurle lief schnell, denn unterdes war es Mittag geworden, heim zu seiner Lisa. Er habe, erklärte er seinem Weibe, länger auf dem Felde zu tun, sie solle sich nicht bekümmern, wenn er erst spät heimkäme. Er wolle schaffen, solang die Sonn ihm Licht dafür gäbe und vielleicht auch noch im Schein des Mondes. Lisa packte dem fleißigen Gatten ein Bündel Brot und Käse, legte einen Apfel hinzu und eine Flasche Bier, küsste ihn herzlich und winkte zum Abschied.

Bis tief in die Nacht baute nun unser Freund einen Verschlag am Feldrande, zimmerte ein Bett und flocht aus trockenen Maisblättern einen Vorhang fürs Fenster und einen für den Eingang. Das Fräulein im Kürbis vertrieb ihm dazu die Zeit, indem sie orientalische Weisen vortrug, so fremd und wundersam wie die einer chinesischen Nachtigall. Am Mittag des nächsten Tags erst ging Scheurle heim, damit Lisa keinen Verdacht schöpfte, nahm ein kurzes Mahl zu sich, lief dann flugs wieder zum Felde und holte den türkischen Kürbis aus der Sonne in den Verschlag.

»Jungfer Lilofar!«, schmeichelte er. »Ich glaube, wir sind nun bereit.«

Aus dem Innern des Kürbis stimmte die Dame alsogleich ein Loblied auf ihren Retter an. Der aber sagte:

»Ihr müsst wissen, Verehrteste, bevor Ihr die Reise nach Hause antreten könnt, so ist es Brauch in unserm Lande, müsst Ihr einen Tag und zwei Nächte in dem Bett verbringen, das ich euch gezimmert habe.«

»Alles! Alles, was Not tut!«, rief Lilofar. »Wenn ich nur heim zu meinem Erdal komme.«

Gesagt, getan! Bauer Scheurle zog sein Messer aus dem Gürtel und machte sich daran, die junge Frau aus dem Kürbis zu befreien. Als sie heraustrat, war er geblendet von ihrer Schönheit. Als sie vor ihm auf die Knie sank, sich zu bedanken, stockte ihm der Atem ob ihrer Grazie.

Und als er sie hochzog, dankte er seinem Schöpfer dafür, in die dunklen, mandelförmigen Seen ihrer Augen tauchen zu dürfen.

Jungfer Lilofar aber wandte sich mit einem bezaubernden Lächeln eifrig von ihm ab und fragte nach dem Bette, von dem aus sie die nächsten zwei Mondläufe und einmal den Gang der Sonne verfolgen werde. Scheurle wies zur Lagerstatt und betrachtete stumm die Jungfer, wie sie sich auf dem harten Holze ausstreckte, grad als der Mond aufging.

»Der Herrgott selbst hat Euch geschickt, mein Freund!«, sprach sie dankbar und sah sich um in der kargen Wohnstatt.

Da stieg unser Scheurle aus den Schuhen, schob mit bebenden Fingern die Hosenträger von den Schultern, hielt aber inne, als das Fräulein einen leisen Schrei ausstieß, indem es auf seine rechte Hand zeigte.

»Ihr habt, guter Freund«, flüsterte sie und dabei quollen ihr die Augen von Tränen über, »was mir der Dschinn verwehren wollte! Wie glücklich müsst Ihr sein.«

Scheurle sah auf den Ring an seiner Hand und vergrub sie sogleich tief in der Hosentasche.

»Oh, erzählt mir«, bat Lilofar innig, »erzählt mir alles von Eurer Herzensdame. Wie heißt sie denn?«

»Lisa heißt sie«, brummte unser Scheurle und sah, mit einem Mal missmutig, auf den Maisvorhang vorm Fenster.

»Sicher ist sie sehr schön?«

Bauer Scheurle überlegte ein Weilchen.

»Nein«, sagte er schließlich, »schön kann man die Lisa nicht wirklich nennen.«

»Wenn Ihr sie nicht wegen ihrer Schönheit gewählt habt«, sprach die Jungfer, »so muss Eure Liebe größer sein als unsre Hagia Sophia.«

Scheurle trat von einem Fuß auf den andren, fragte sich, wer diese Hagia Sophia wohl sei, und grübelte über eine Erwiderung, bis die Sonne ihre ersten Strahlen auf den Himmel warf.

»Dann wird sie wohl reich sein?«, vermutete die Jungfer Lilofar da und unser Freund legte den Kopf schräg.

»Nein«, sagte er endlich, »reich ist die Lisa noch nie gewesen.«

»Wenn Ihr sie nicht wegen ihres Reichtums gewählt habt, lieber Freund«, sagte andächtig die schöne Türkin, »muss Eure Liebe sogar größer sein als der Berg Ararat.«

Scheurle aber grübelte über eine Antwort, bis die Sonne hinterm Feld versank und der Mond zu scheinen begann.

»So habt ihr denn, mein Befreier, Eure Lisa aus dem einzigen Grund gewählt, aus dem ein Mann seine Frau wählen soll«, rief Lilofar aus, »weil Ihr sie von ganzem Herzen liebt und ihr treu ergeben seid.«

Da ließ unser Freund die Schultern hängen und sann erneut über eine Entgegnung nach, bis der Mond zum zweiten Male unterging.

Beim allerersten Sonnenstrahl erhob sich nun anmutig die Jungfer vom Bette, dankte ihrem Retter von Herzen, machte sich auf den Weg nach Haus und hat hernach in Jahresfrist ihren Erdal geehelicht.

Unser Bauer Scheurle sah die Schönheit aus dem Morgenlande hinterm Hügel verschwinden. Lang blickte er noch auf den von herbstlich buntem Mischwald überzogenen Horizont, zog endlich die Hosenträger hoch, die Schuhe wieder an und machte sich müde auf nach Haus.

Auf der großen Brücke über dem Bosporus aber lehnte der Dschinn an einem Pfosten und kratzte sich das Kinn.

»Und was, bitte schön«, murmelte er verdrossen, »kann man daraus nun lernen?«

SEDIMENT

Er ist wieder da. In all seiner Pracht: groß und schimmernd und unwiderstehlich. Er ist wieder da und hat mich überrascht, wie immer. Er meldet sich nie an. Er kommt und geht, wie es ihm passt. Heute hat er mich auf der Weidendammer Brücke eingeholt.

Hinter mir rauscht der Feierabendverkehr die Friedrichstraße entlang. Neben mir lehnt das Fahrrad am schmiedeeisernen Geländer. Zwischen dem Tränenpalast und dem alten Brecht-Theater sehe ich in die untergehende Sonne, die sich in der Spree spiegelt.

Dort, auf dem Wasser, steht er. Groß, still und unbezwingbar. Der Damawand. Der Berg. Die Krone Teherans. Er steht auf dem Wasser, wächst aus ihm heraus zu seinen fast sechstausend Metern Höhe, breitet sich rechts und links über die Ufer der Spree, legt sich auf Straßen und Häuser, und sein weißbedecktes Haupt leuchtet strahlender als die Berliner Abendsonne.

Meine Kehle ist rau. Ich kenne das schon. Erst kommt die Atemnot, dann der Kloß im Hals. Ich weiß, dass es nachlässt, wenn ich ruhig bleibe und nicht an dem zweifle, was ich sehe. Ich habe schon alles Mögliche versucht. Einfache Dinge, wie Umdrehen oder Wegfahren. Aufwendigere, wie die Einnahme unterschiedlichster Betäubungsmittel. Aber es nützt nichts. Ist er einmal da, der Damawand, dann hat er seinen Grund dafür. Dann lässt er sich nicht vertreiben, dann bleibt er, wo er ist, und bleibt so lange er will. Ohnehin ist das Ansinnen albern. Einen Berg zu vertreiben. Den Berg der Berge verscheuchen, verjagen zu wollen, kindisch.

Also atme ich gründlich aus, warte den Bruchteil einer Sekunde, hole dann wieder Luft und betrachte das überwältigende Felsmassiv, das so unerwartet in meinem kleinen, zerklüfteten Berlin aufgetaucht ist.

Die Stille des Damawand ist bis hier unten zu spüren, und der braunblaue Schimmer seiner faltigen, rissig-rauen Flanken legt sich auf die Mitte meiner alt gewordenen, neuen Heimat. Das Dorf an seinem Fuß döst in der Abendsonne, obwohl ich weiß, dass es in Wahrheit nicht mehr existiert. Die Stadt hat es sich einverleibt in den Jahren, die vergangen sind. Möglicherweise ist es zum Altstadtkern eines neuen Bezirks geworden. Wahrscheinlicher ist, dass es dem Erdboden gleichgemacht wurde und verschwunden ist. Nicht aber seine Bewohner, die arm sind und einflusslos. Ja, es wird eher so sein. Das Dorf wird vielgeschossigen Neubauten aus billigem Beton Platz gemacht haben, die trockengewohnt werden wie vor Jahrzehnten die Gründerzeithäuser Berlins. Trockengewohnt von denen, die dort vorher in Lehmhütten und schmalen, an den Fels geschmiegten Häusern aus selbstgebrannten Ziegeln lebten.

Wie Musik brandet das Hupkonzert des Teheraner Verkehrs an meine Ohren. Der Schiffbauerdamm ist über und über behängt mit bunten Lichtern. Es wird ein Feiertag sein. Und mir läuft das Wasser im Munde zusammen, als ich die Männer neben ihren kleinen Petroleumöfen entdecke, die am Straßenrand hockend Labu verkaufen, in Salzwasser gekochte rote Beete. An den Hängen des Damawand im Norden Teherans plätschert die Spree unter meinen Füßen, und eine der Punks, die vor dem Tränenpalast ihr Lager aufgeschlagen haben, will Zigaretten schnorren.

Dass ich ihr keine geben kann, sage ich, weil ich nicht mehr rauche. Sie glaubt mir nicht und besteht auf die Übergabe mindestens eines Exemplars. Ich frage, ob sie den Berg sieht. Eine alte Sau sähe sie nur, gibt sie zur Antwort, pfeift nach ihrem Hund und geht.

Ich wende mich wieder zum Höchsten der Hohen. Rauchen wär gar keine so schlechte Idee. Ich würde tief inhalieren und dann einen langen, grauen Silberstreifen in die Luft schicken. In die Luft vor mir, vor meinem Gesicht. Einen Streifen silbrigen Rauchs, der meine Sicht vernebeln und meinen Anblick verstecken würde: verstecken vor dem Berg. Natürlich nur für Sekunden, für Bruchteile von Sekunden. Ohnehin wäre das Ansinnen albern. Mich vor dem Berg zu verbergen, vor dem Berg der Berge, mich wegmachen, ihm ausweichen, entwischen zu wollen.

Abwesend taste ich in meiner Jackentasche nach einer vergessenen Packung Zigaretten, aber es ist zu lange her, dass ich das Rauchen aufgegeben habe. An den Moment entsinne ich mich noch gut: Wir saßen auf den Stufen eines kleinen Ladens, der leer stand, wie die meisten Wohnungen in dem alten, baufälligen Haus. Wir, das waren Mira und ich. Sie rauchte nach Pfeife riechende, filterlose Zigaretten und brachte Geschichten mit. Ich war zuständig für ein Sixpack Billigbier und einen Stapel alter Zeitungen gegen die Kälte von unten. Damals war ich schon auf leichte Sorten umgestiegen und handelte mir dafür jeden Abend Miras Spott ein.

Von Ende März bis Anfang Oktober saßen wir bis weit nach Mitternacht auf dem Treppchen, tranken jede drei Bier und verloren uns in dem, was Mira erzählte. Es waren Träume für die Zukunft oder Geschichten aus der Vergangenheit. Eines aber war ihnen gemeinsam: Sie spielten immer in Berlin, in Miras Berlin, einer Stadt, die ich nicht kannte und deren Straßen gesäumt waren von Gefängnissen, Heimen und Asylen. Ihre wichtigsten Bewohner waren arme Huren, reiche Huren, Kinder und Hunde. Sie war angefüllt mit Politik, massenweise Politik. Von unten, darauf legte Mira wert.

Über mein Berlin sprachen wir nicht. Es interessierte sie nicht, und ich konnte das verstehen, denn mein Berlin war ein verwischtes. Eines, das nicht richtig zu sehen war, sich stets entzog und nebelhaft blieb. Es war mir ähnlich: eigenbrötlerisch, ein wenig verloren, hässlich, widersprüchlich und vernarbt.

An einem dieser Abende voller Geschichten waren wir unterwegs in der Strafvollzugsanstalt Söhtstraße, wo Frauen mit gebeugtem Rücken hölzerne Wäscheklammern fertigten. Mira erzählte von einer leidenschaftlichen Liebe, die hier ihren Lauf genommen hatte, nur um einige Jahre später, allerdings in Italien, ebenso dramatisch zu enden, wie sie begonnen hatte. Völlig in die Bilder versunken, die Mira vor uns in die kalte Berliner Luft zeichnete, drückte ich meine siebenunddreißigste Zigarette des Abends mehrmals auf den Boden und bekam, als ich den Stummel schließlich fallen ließ, plötzlich keine Luft mehr.

Ich japste und dachte panisch, dass das Leben nicht so urplötzlich, so unerwartet und auf so gemeine Weise zu Ende gehen könne, und hörte durch das anschwellende Rauschen in meinen Ohren eine Stimme, die immer wieder energisch sagte:

»Ausatmen! Du musst ausatmen!«

Es war Mira, die diesen Befehl ein ums andere Mal wiederholte und mir gleichzeitig die Arme hochriss, weit über den Kopf – im Mundwinkel eine Kippe. Seitdem rauche ich nicht mehr.

Einmal habe ich Mira vom Damawand erzählt. Da stand er gerade bei uns im Hinterhof. Ich überlegte kurz, gab mir einen Ruck und fragte sie, ob sie ihn sähe.

»Wen?« wollte sie wissen.

»Den Berg«, sagte ich leise. »Da vorn.«

Wir saßen auf dem Fensterbrett unserer Bruchbude, vierter Stock Altbau, und blickten nach unten. Es war Spätsommer oder Frühherbst. Goldene Reste von Sonnenstrahlen, die über dem Hof hingen, ein paar lang gezogene Spinnweben, scheinbar im Nichts vor uns aufgespannt, und ein Geruch, der, all der Stadt um uns zum Trotz, voll Erde war.

Der Damawand stand genau vor uns. Um seinen schneebedeckten Gipfel zu sehen, musste ich den Kopf weit in den Nacken legen. Ich freute mich über seine Nähe und dachte an meinen Vater, wie er mir bei einer Gebirgsfahrt geologische Formationen erklärte. Er erzählte von Tieren, die hier vor Hunderttausenden von Jahren gelebt hatten. Unter dem Wasser gelebt hatten, denn wir bewegten uns auf Sedimentgestein. Auf dem durch gigantische Kräfte an die Erdoberfläche gedrückten Boden eines uralten Ozeans. Ammoniten, Trilobiten, Tiere der Vorzeit mit akademischen Namen, tief vergraben ins Gestein.

»Nee. Seh ich nich', dein' Berg«, sagte Mira nach einem Blick in den Hof.

Ich habe ihr dann von ihm erzählt. Wie er damals im Flugzeug erschien und ich fürchtete, die Maschine könne das Gewicht nicht tragen. Wir Passagiere, die Stewardessen, die Sitze und die kleinen, ovalen Fenster schimmerten genau so durch den Damawand, wie jetzt der Efeu und die Vorderhausfassade, während unter uns, still und unbeachtet, mein Teheran verschwand.

Ich habe Mira auch erzählt, wie der Berg dann in Berlin in der Schule auftauchte. Im Sportunterricht bei Herrn Kachler und beim Putzen in Frau Malikowskis Wohnung. Eigentlich immer wieder irgendwo. »Und, na ja, jetzt ist er im Hof. Diesmal schon ziemlich lang. Ich glaub, fast zwei Wochen.«

Mira schwieg. Dann schwang sie die Beine über das Fensterbrett, holte sich eine Dose Bier aus unserer neuesten Anschaffung, dem Kühlschrank, der unser ganzer Stolz war, weil er nichts gekostet hatte und jederzeit kühles Pils garantierte, und setzte sich wieder neben mich. Ein Zischen flitze durch die Küche, als sie mit geübtem Druck die Aluminiumlasche versenkte. Wie jedes Bier, trank Mira auch dieses genießerisch, in Ruhe und voller Anerkennung. Schließlich betrachtete sie eine Weile lang aufmerksam den Hinterhof.

»Seh' ihn noch immer nich', dein' Berg«, sagte sie und schlenkerte mit den Beinen.

Ich nickte, und wir schwiegen wieder. Nach einer Weile zeigte Mira auf die Silhouette von Herrn Börne, die sich gegenüber auf der Milchglasscheibe seiner Küche abzeichnete. Er hatte sie dort eingebaut, weil er wusste, dass Mira und ich, wenn wir nicht unten auf dem Treppchen saßen, hier oben herumlungerten und in seine Küche schauten. Die aber zierte neuerdings eine Kastendusche. Offenbar gingen Herrn Börne die dadurch entstehenden Aussichten zu weit, und so hatte er mit Hilfe der undurchsichtigen Scheibe unseren optischen Radius auf ein annehmbares Maß zurückgeschraubt. Mira zeigte mit der Dose auf Herrn Börnes durchscheinenden Glasschatten, sagte, dass der sie an Max erinnere, und begann damit eine neue Geschichte.

Herrn Börnes Schatten vor Augen, gebe ich die Suche nach Zigaretten auf und ziehe die Hand aus der Tasche. Neben mir scharrt etwas auf dem Pflaster. Bei meinem Fahrrad steht ein Esel.

So weit ist der Berg noch nie gegangen. Konzentriert atme ich aus und ein und aus und bemerke erleichtert, dass der kleine Junge, der auf dem Tier sitzt, blond und außerdem in Begleitung eines bunt gekleideten, gut genährten Herrn ist, den eine vielzipflige, glöckchenbekränzte Mütze schmückt. Er schwenkt ein klapperndes Töpfchen mit Münzen hin und her. Das Trio sammelt Spenden für einen Zirkus, der in Schöneberg gastiert. Ich brauche mein Geld selber, schüttle den Kopf und finde, dass das Kind dringend ins Bett muss. Die Überlegung beschert dem unbekannten Mann einen vorwurfsvollen Blick, den er nicht versteht. Der Esel schnaubt leise, und ich könnte wetten, dass er mich angrinst, als er so zu mir hochblickt. In Gedanken sage ich zu ihm, dass ich auch endlich nach Hause muss.

Der Esel nickt zufrieden. Ich greife nach meinem Fahrrad und wende mich um, dem Damawand zu winken. Der aber ist spurlos verschwunden, wie schon so viele Male zuvor. Und die Spree, die alte, sie schwappt und plätschert, als wäre nichts, aber auch gar nichts geschehen.

BEHALTE DEN FLUG
IM GEDÄCHTNIS

ob schnee lag. ob uniformierte patrouillierten. ob es morgen war oder abend. ob viele taschentücher aufgebraucht wurden. ob ich müde war. ob überhaupt jemand an der absperrung stand. ob die luft anders roch als sonst. ob die grenzer am flughafen nett waren oder bedrohlich. ob wir gefrühstückt hatten an diesem tag. ob ich ein buch im handgepäck hatte. ob ich mich von irgendjemandem verabschiedet habe. ob die sonne schien. ob ich angst hatte. ob ich einen fensterplatz oder einen am gang hatte. ob ich den berg in wahrheit überhaupt sehen konnte. ob die geschwister quengelig waren. ob wir abends irgendjemandem bescheid gegeben haben. ob ich verstand, warum die frau ständig von heimat sprach. ob ich ahnte, dass der mann nicht ahnte, dass es für immer war. ob ich vorher noch einmal durch den garten gegangen bin. ob jemand die tür hinter uns schloss. ob ich mich noch einmal umgedreht habe.

WORAN MAN IHN ERKENNT

Die Haustür zu öffnen ist streng verboten. Nach einem Blick aus dem Fenster beschließt Schirin trotzdem sofort, es zu tun. Im Schlafanzug schleicht sie aus dem Kinderzimmer und an dem der Eltern vorbei. Sie hört Vaters leises Schnarchen.

Die letzte Tür ist die zum Gästezimmer. Da schlafen Onkel Markus und sein Sohn Karsten, die aus Mannheim zu Besuch gekommen sind. Schirin ist noch nie dort gewesen. Aber sie weiß, dass Mutter in dieser Stadt lebte, bevor sie wegen Vater nach Teheran gezogen ist. Es ist das erste Mal, dass sie Besuch aus Deutschland haben.

Endlich steht Schirin am oberen Ende der Treppe. Sie holt noch einmal tief Luft, dann läuft sie leise hinunter und durch die große Halle zur Haustür. Aus der Küche weht Kaffeeduft zu ihr herüber. Mutter ist damit beschäftigt, das Frühstück zuzubereiten. Schirin sieht sich noch einmal um. Dann greift sie nach dem Schlüssel, der auf Augenhöhe vor ihrem Gesicht baumelt. Leise dreht sie ihn herum: einmal, zweimal, bis der Schnapper nachgibt. Von draußen strömt eiskalte Luft herein.

Weit reißt Schirin die Augen auf. Sie steht vor einer Schneewand, die bis hoch über ihren Kopf reicht. Und dort, wo sie endet, wo winzige Kristalle eine gezackte und dennoch vollkommen gerade wirkende Kante bilden, ist nur noch ein Stückchen Himmel zu sehen: wolkenlos und morgenblau. Sie streckt den Zeigefinger aus, schiebt ihn vorsichtig in die makellose, weiße Fläche vor sich. So muss es in einem Iglu aussehen, denkt sie und versucht, sich an die Bilder im Was-ist-was-Buch über die Inuit zu erinnern, das sie vor ein paar Wochen zum Nikolaus von der Mannheimer Großmutter geschickt bekommen hat.

Schirin zieht ihren Finger zurück und steckt die Hand unter eine Achsel, um sie zu wärmen. Eine Schneewehe unter wintermeerblauem Himmel, wird Vater die Igluwand später nennen, wie er überhaupt die Gewohnheit hat, Wörter zu erfinden: lustige, die durch die Räume purzeln, bis Schirin lachen muss und ihr ganz schwindlig wird davon. Dunkle, die machen, dass sie sich fest an den Vater kuschelt, bis er sie kitzelt, bis sie lacht und lacht und jedes einzelne der düsteren Wörter wieder vergisst. Seltsame, die Schirin nicht versteht, aber in sich aufbewahrt wie Schätze, um sie eines Tages abzuholen, wenn sie sie brauchen wird. Wintermeerblau also ist der Himmel, und wenn Schirin den Blick wieder senkt, sieht sie nur die Schneewehe vor der geöffneten Haustür. Eine Schneewehe, die höher ist als ihr Körper und die an diesem Morgen niemand weggefegt, niemand mit Schritten zerstört hat, weil es der zweite Tag vom Wochenende ist. Freitags in der Frühe muss niemand das Haus verlassen und niemand muss ins Büro oder zur Schule – jedenfalls in ihrer Familie.

In anderen Familien ist das wohl anders, denn jetzt hört sie eine Stimme auf der Straße, gedämpft vom Schnee und noch weit entfernt. Leise summt Schirin die immer gleiche Melodie der Worte mit, die sich in den Winter webt: »Barfijeh, Barfi!«

Als sie wieder hochschaut, sucht sie den Himmel ab, der das obere Drittel des Türrahmens ausfüllt, und merkt plötzlich, dass etwas fehlt: Das Gebirge ist verschwunden. Vor ihr der Schnee, darüber der Himmel, sonst nichts. Das kann nicht sein, denkt sie. In ihrem ganzen Leben hat es noch nicht einen einzigen Tag ohne den Anblick des Elburs-Gebirges gegeben. Sie schluckt trocken und überlegt, ob es nicht vielleicht doch besser wäre, die Tür wieder zu schließen. Wenn der Schnee das Gebirge stehlen kann, wird es eine Leichtigkeit für ihn sein, auch Kinder verschwinden zu lassen. Aber noch bevor sie den Gedanken zu Ende gedacht hat, hört sie eine zweite Stimme an diesem Morgen.

»Ist das der Weihnachtsmann?« flüstert es aufgeregt hinter ihr.

Erschrocken donnert sie die Tür ins Schloss, wirbelt herum und sieht Karsten zornig an. Leise wie eine Katze, die sich an die Maus heranschleicht, ist er hinter ihr aufgetaucht.

»Blödmann!« zischt Schirin ihn an, weil er ihr Geheimnis aufgedeckt hat und weil sie weiß, dass Mutter wegen des Lärms gleich aus der Küche herausgeschossen kommen wird. Sie ist ohnehin schon ärgerlich, weil Schirin Karsten verboten hat, mit ihrer Carrerabahn zu spielen.

»Ist das der Weihnachtsmann, der da draußen singt?« Karsten lässt nicht locker.

Er ist erst vier, also zwei Jahre jünger als Schirin und zwei älter als ihr kleiner Bruder, Nima. Außerdem hat er erschreckend helles Haar, weswegen Schirin findet, dass er aussieht wie ein Engel. Nur, dass sie immer dachte, Engel wären nette, hilfreiche Wesen. Alles in allem ist Karsten aber nicht viel mehr als eine Plage. Er verdirbt jedes Spiel mit seiner seltsamen Art, plötzlich zu verschwinden, genauso plötzlich wieder aufzutauchen und ständig eigenartige Fragen zu stellen. Vor allem ist es seltsam, mit ihm zu sprechen, weil er kein Wort Persisch versteht und alles immer nur auf Deutsch sagt. Dabei klingen manche Wörter viel besser auf Persisch und Schirin würde sie niemals auf Deutsch sagen. Außer Karsten kennt sie keinen Menschen, der nur eine einzige Sprache spricht.

»Du bist so dumm!«, fährt sie ihn an.

Wie kann er denken, der Barfi sei der Weihnachtsmann? Jedes winzige Baby weiß, dass der Barfi nicht im Himmel wohnt, sondern oben auf den Häusern herumkraxelt, um den Schnee von den Flachdächern zu schippen, damit sie nicht unter der weißen Last einbrechen. Weswegen sonst sollte er wohl heißen, wie er heißt? Er ruft es schließlich die ganze Zeit:

»Der Schneemann ist's, der Schneemann! Barfi-eh, Barfi!«

In dem Moment, in dem Karsten zu weinen beginnt, tauchen Onkel Markus in der Halle und Mutter in der Küchentür auf.

»Was ist hier schon wieder los?«, fragt sie ärgerlich, während der Onkel den kleinen Blödmann hochnimmt und ihm die Engelshaare aus der Stirn streicht. Schirin presst die Lippen aufeinander und kreuzt die Arme vor der Brust. Der Schlüssel sticht ihr in die Kopfhaut.

»Was hast du an der Tür zu suchen, kleines Fräulein?« Mutters Stimme klingt wirklich verärgert.

Aber dann, bevor jemand etwas sagen oder tun kann, zieht plötzlich, leise wie das Glockenläuten am Weihnachtsbaum, ein Lied durch die große Eingangshalle, in der sie alle stehen – außer Karsten natürlich, der wie ein Baby in Onkel Markus' Armen hängt und immer noch schnieft.

»Morgen, Kinder, wird's was geben, morgen werden wir uns freu'n!«, singt Vater in seinem lustigen, vom Persisch rundgebogenen Deutsch, und Karsten klatscht plötzlich in die Hände.

Weil Nima noch ganz verschlafen an Vaters Hand auf der Treppe steht, ungeniert in der Nase bohrt und den Mund zum Gähnen weit aufreißt, muss Schirin lachen. Mutter lächelt jetzt auch. Sie winkt alle zum Frühstück. Aber dann stellt Onkel Markus eine wirklich seltsame Frage.

»Woher kennst du all diese deutschen Lieder, Bahman?«, fragt er Vater verwundert.

Der sieht ihn an, öffnet den Mund, schließt ihn wieder, zeigt erst auf Mutter, dann auf seine beiden Kinder, schlägt dem Onkel freundschaftlich auf die Schulter und schiebt ihn lächelnd in die Küche. Kaum sitzen sie dort um den großen, runden Tisch, läutet es. Karsten fährt auf und flüstert etwas.

»Wie bitte?«, fragt Onkel Markus, während Vater zur Tür geht.

»Das ist der Weihnachtsmann«, sagt Karsten ein wenig lauter.

Schirin verdreht die Augen, zwingt sich aber, diesmal nichts zu sagen. Vater lässt jemanden in die Halle eintreten. Dann sind schwere Schritte auf der Treppe zum ersten Stock zu hören.

»Ich bringe nur kurz den Barfi aufs Dach!«, ruft Vater.

Mutter erklärt Karsten, wer da geklingelt hat.

»Der Weihnachtsmann«, sagt sie, »kommt erst morgen. Eine Nacht müsst ihr noch warten.«

Karsten schüttelt den Kopf.

»Das ist ganz bestimmt der Weihnachtsmann, Tante«, sagt er.

Unterm Tisch tritt Schirin ihm gegen's Schienbein. Diesmal weint er nicht und schreit nicht, sondern streckt ihr nur die Zunge heraus. Aber so, dass keiner der Erwachsenen es sieht.

»Fertig!«, ruft er kurz darauf, obwohl er seinen Toast noch nicht halb aufgegessen hat, und rast wie ein Blitz aus der Küche. Schirin sieht ihm genauso erstaunt nach wie die Erwachsenen.

»Ich auch«, sagt sie schnell, stopft sich den Rest ihres Brotes in den Mund und läuft ihm hinterher.

Sie findet ihn im Kinderzimmer. Er sitzt auf dem Boden, ganz nah am Fenster zum Balkon, spielt mit Nimas bunten Bauklötzern und scheint sie gar nicht zu bemerken. Sie betrachtet ihn eine Weile lang. Schließlich geht sie auf die andere Seite des Zimmers, schaltet die Rennbahn ein und lässt einen gelben Wagen in die Kurven sausen. Über die Zimmerdecke zieht in regelmäßigen Abständen und vom gleichmäßigen Klang stiefelbewehrter Schritte begleitet ein breites Kratzen. Es ist der Barfi, der dort oben den Schnee auf seine Schaufel häuft.

Karsten ist nicht bei der Sache. Ständig stürzen die bunten Türme, die er baut, ein, weil er den Hals reckt und auf den Balkon sieht. Dann kommt Mutter herein. Sie setzt Nima auf den Teppich neben der Rennbahn.

»Denkt dran, euch gleich noch die Zähne zu putzen«, sagt sie und geht wieder hinunter.

Kaum ist sie weg, steht Karsten auf, klaubt seine Stiefel unter dem Bett hervor und zieht sie umständlich an.

»Wo willst du denn jetzt schon wieder hin?«, fragt Schirin skeptisch.

»Zum Weihnachtsmann«, gibt er zurück und schlüpft in seine Jacke.

»Spinnst du? Du darfst nicht allein auf den Balkon! Und der Barfi ist sowieso oben auf dem Dach. Da kommt man nur über die Eisentreppe hin.« Schirin beugt sich zu Karsten hinunter. »Außerdem ist er nicht der Weihnachtsmann!«

Aber Karsten zuckt nur mit den Achseln, geht zur Balkontür im Flur und dann hinaus. Schirin läuft ihm nach. Die Jacke lässt sie im Schrank und tut so, als würde sie nicht merken, dass Nima barfuß hinter ihr her auf den eiskalten Balkon kommt. Karsten steht schon auf der dritten Stufe der Eisenstiege. Die Finger fest ums Geländer gelegt, sieht er hoch. Schirin hält den Atem an, wirft einen Blick zurück in den Flur, aber von den Erwachsenen ist nichts zu sehen. Nima greift nach ihrer Hand. Zusammen gehen sie zur Treppe. Karsten steht jetzt auf der fünften Stufe. Dann fällt plötzlich ein Schatten auf ihn.

Oben an der niedrigen Brüstung des Flachdachs ist der Barfi erschienen. Er hat eine dunkelbraune Wollmütze auf dem Kopf, die ihm bis weit über die Ohren reicht. Seine Jacke ist aus hellbraunem Leder. Innen ist sie mit Fell gefüttert, das an den Ärmeln und am Kragen herausschaut. Außerdem trägt er die dicksten Handschuhe, die Schirin je gesehen hat, und hält in der Rechten den langen Holzstab mit der brei-

ten Schaufel. Sein Gesicht ist von stoppligen Haaren und tiefen Falten
überzogen. Und seine Augen lachen genau wie Vaters Augen, wenn er
gerade ein neues Wunderwort erfunden hat.

Der Barfi winkt Karsten zu, der wie erstarrt auf seiner Stufe steht
und den Mann oben auf der Treppe betrachtet. Nima beginnt zu weinen. Vermutlich ist ihm kalt, weil er barfuß im Schnee steht. Schirin
versucht, sich den Kleinen auf die rechte Hüfte zu ziehen. Sie kann ihn
kaum halten, aber wenn er nicht aufhört zu weinen, kommen die Eltern, und das würde richtigen Ärger geben. Dann schaut sie wieder
hoch. Der Barfi steht jetzt vor Karsten auf der Treppe.

»Salam«, sagt er, und Karstens Mund klappt auf.

Er beugt sich zu dem blonden Jungen hinunter, nimmt ihn auf den
Arm, genau wie Schirin eben ihren Bruder hochgenommen hat, und
kommt mit ihm auf den Balkon herunter.

»Bist du der Weihnachtsmann?«, fragt Karsten leise.

Aber der Barfi kann kein Deutsch, und Schirin sieht ganz und gar
nicht ein, warum sie für ihren Cousin übersetzen sollte. Wenn der Barfi
der Weihnachtsmann wäre, könnte er ohnehin alle Sprachen sprechen.
Vielleicht versteht der Dummkopf es jetzt.

Nima ist Schirin viel zu schwer. Sie stellt ihn zurück auf den Boden,
wo er sofort wieder anfängt zu weinen. Der Barfi lehnt seine Schaufel
an die Wand und nimmt auch den Kleinen hoch. Die beiden Kinder in
den Armen, zwinkert er Schirin zu. Gemeinsam gehen sie auf die andere Seite des Balkons in Richtung Tür. Hinter dem Seitengeländer ist mit
einem Mal das Gebirge zu sehen. Es ist wieder aufgetaucht! Vollkommen weiß, als wäre es mit Puderzucker bestreut. Karsten tippt dem
Barfi auf die Schulter.

»Bist du der Weihnachtsmann?«, will er schon wieder wissen.

Langsam wird es Schirin ein bisschen peinlich, aber den Barfi
scheint nichts zu stören. Er stellt Karsten auf den Boden, hält Nima
weiter im Arm, greift in seine Tasche und bringt ein kleines Buch zum
Vorschein, das Schirin sofort erkennt. Mamandjun, Schirins Teheraner Großmutter, hat genau so eines. Es liegt immer auf dem Nacht-
tisch neben einem Bild vom Großvater, den Schirin nie kennengelernt
hat, weil er schon vor vielen Jahren gestorben ist. Jeden Abend liest
Mamandjun ein paar Zeilen darin.

Wie ein Daumenkino lässt der Barfi die Seiten des Korans vor den Augen der drei Kinder flattern. Etwas Rotes schimmert darin auf und Schirin schaut erstaunt den Mann in der hellbraunen Jacke an. Er hält ihr das Buch hin und nickt. Mit spitzen Fingern greift sie vorsichtig zwischen die Seiten. Sie zieht ein trockenes, flachgepresstes Rosenblatt hervor. Karsten erwischt ein fast doppelt so großes. Dann hält der Barfi Nima den Koran hin, aber Nima will gar kein Rosenblatt. Er will dem Barfi einen dicken, nassen Kuss auf die Wange geben und das bärtige Gesicht dabei fest zwischen seinen kleinen Händen halten. Der Barfi schmunzelt, schließlich lässt er den Koran wieder in seine Jackentasche fallen, holt die Schippe und bringt die Kinder ins Haus.

Als er fort ist, klebt Karsten sein Rosenblatt auf ein Stück Goldpapier. Aus Bastbändchen flicht Schirin eine Kette, an der sie den Anhänger befestigen. Sie legt sie Karsten um und verknotet die Bänder vorsichtig hinter seinem Hals. Karsten betrachtet den Anhänger vor seiner Brust.

»Den Weihnachtsmann erkennt man daran, dass er aus dem Schnee kommt und ein Lied singt«, sagt er nach einer Weile. »Und daran, dass er Geschenke mitbringt.« Ernst sieht er Schirin an.

Sie legt sich ihre eigene Kette um und streicht mit dem Finger über das Rosenblatt. Dann kratzt sie sich am Arm und hustet kurz.

»Wenn du willst«, sagt sie schließlich, »darfst du mit meiner Rennbahn spielen.« Vielleicht ist ihr kleiner Cousin aus Deutschland doch nicht so dumm, wie sie die ganze Zeit lang dachte. Aber das behält sie lieber erstmal für sich.

VOM
ÜBERLEBEN

ÜBER DIE SCHWELLE

Die Wohnung war so gut wie leer. Vom Schlafzimmer abgesehen, hallten die Räume wider, wenn Elke von einem in den anderen ging. Als wäre ihr Obdach höher, weiter geworden, als wäre es gewachsen. Sie sah sich um, überlegte, tastete in Gedanken den Ort ab auf der Suche nach ihrem Tabak. So ließ er sich nicht finden.

Also ging sie in die Küche, in die seit ein paar Tagen gänzlich weiße Küche. Frisch gestrichen, ordentlich geputzt für die Übergabe an die Vermieterin, für die Nachmieter, dafür, selbst mit einem sauberen, glatten Gefühl gehen zu können. Nur kurz sah sie in die Ecke hinten rechts. Alles Putzen hatte nicht geholfen. Hier roch es immer noch so wie damals, vor sieben Jahren, als ihr Kopf dort zum ersten Mal auf den Boden geschlagen war und zu bluten begonnen hatte.

Warum gerade diese Ecke? Die Antwort war vermutlich so banal wie die meisten Dinge im Leben, wenn man ihnen einmal auf den Grund gegangen ist. Es war die einzige Küchenecke, die ausreichend Platz für das Niedergehen eines erwachsenen Körpers bot. Deshalb. Ganz einfach.

In all dem frischen Weiß war kein braunes Päckchen zu sehen. Sie musste den Tabak irgendwo anders abgelegt haben. Das Bad, die Küche: nein. Sie ging ins Schlafzimmer, das sie so selten wie möglich betrat, in dem sie alle Kisten gesammelt hatte. Mannshoch standen sie dort übereinander gestapelt an der linken Wand. Für die Leute von der Spedition hatte sie jeweils fein säuberlich darauf geschrieben, wo jeder

Karton in der neuen Wohnung hingestellt werden sollte: Wohnzimmer, Küche, Bad. Und Kinderzimmer, obwohl es dort keine Kinder mehr geben würde. Darunter hatte sie Stichworte für sich selbst notiert. Geschirr und Besteck oder Fliegerjacke, Bücher. Auf einem der Kartons stand Fotos, Bürokram, Anwalt.

Das letzte Wort war durchgestrichen, denn sie hatte den Ordner mit den Prozessakten wieder aus der Kiste genommen. Sicher ist sicher. Im Zweifelsfall, im Fall eines Diebstahls des Umzugsguts während des Transports von A nach B, für den keine Spedition eine Versicherung anbot, wollte sie nicht gezwungen sein, sich die gesamte Akte noch einmal für teures Geld kopieren zu lassen. Nun lag sie auf der anderen Seite des Zimmers, in dem Koffer, den sie mit in den Zug nehmen würde.

Wie viele Ecken, wie viele Nischen eine Wohnung erst dann preisgibt, wenn man sie verlässt, dachte Elke und blickte, während sie Blättchen und Tabak im Schlafzimmer von einer der Kisten klaubte, durch den Flur ins gegenüberliegende Zimmer, ins Gästezimmer, Balkonzimmer. Dorthin, wo ihr Reich gewesen war.

Der Rest der Wohnung hatte ihr nie wirklich gehört. Das Arbeitszimmer, in dem er sich mit seinen Studenten besprach und an seinen Büchern schrieb. Das Kinderzimmer. Das Esszimmer. Sie alle waren Fabians Besitz gewesen. Sogar das Wohnzimmer, in das er sich verzog, wenn er nicht arbeiten, aber auch nicht auf sie treffen wollte.

»Geh raus«, hatte er dann einfach gesagt, und sie hatte sofort getan, was er verlangte, hatte die Tür offen stehen lassen, damit er sich nicht eingeschlossen fühlen musste, und war ins Gästezimmer gegangen. Es war unpersönlich eingerichtet. Ein billiges Bett, das unter einer alten rückengefährdenden Federkernmatratze quietschte, wenn man sich von links nach rechts drehte. Ein schmaler, hässlicher Schrank aus Fabians Jugendzeit. Ein Spiegel. Wie ein Raum in einer billigen Pension, in der man höchstens für eine Nacht blieb. Dies war ihr Ort gewesen. Das Zimmer und der schmale Altbaubalkon davor, auf den sich eine gläserne Flügeltür öffnete.

Hier hatte sie ganze Abende verbracht und die sich anschließenden Nächte, manchmal Tage. Denn ein solcher Befehl aus Fabians Mund war immer erst hinfällig gewesen, wenn er kam und sie aufforderte, irgendetwas zu tun. Abendessen zu machen, mit ihm ins Theater zu gehen, jemanden anzurufen oder mit ihm zu schlafen. Im Schrank lagen immer noch ein paar Stücke Wäsche, ein Nachthemd, ein Buch, eine Zahnbürste, ein Päckchen Tampons. Sie würde nichts davon mitnehmen. Wäre es allerdings möglich gewesen, sie hätte den Balkon mitgenommen. Und den Flieder, der sich vor ihm emporstreckte, der im Frühjahr aus üppigen Blütendolden duftete, dessen Aroma sie immer wieder fortgetragen hatte, an einen Ort, den sie ab jetzt in beharrlicher Kleinarbeit erschaffen würde.

Durch den Flur ging sie langsam und nachdenklich ins Gästezimmer, öffnete, obwohl es kalt war draußen, erst die Balkontür, öffnete dann das Päckchen Tabak mit den geübten Fingern der Hand, die es hielten, und setzte sich in die freigewordene Ecke, von der aus der jetzt verschneite Balkon und der Flieder zu sehen waren. Hier hatte früher Oma Margots Truhe gestanden. Nun stand sie unter den Umzugskisten. Die teuren, aber uralten Teppichfliesen lagen noch auf dem Boden. Elke hatte sie gesaugt und Frau Wagner, die zusammen mit ihrem Mann die Wohnung ab übermorgen bewohnen würde, hatte sich gefreut, dass sie liegenbleiben würden.

»Wir können sie später durch neue ersetzen«, hatte sie gesagt und dabei aus dem Fenster gesehen. »So ist jedenfalls erst einmal ein warmer Boden da.«

Die Wagners konnten sich die Wohnung nicht wirklich leisten. Elke wusste es, denn Frau Wagner hatte ihr von der Arbeitslosigkeit ihres Mannes erzählt und davon, dass die Verdienstbescheinigung, die sie vorgelegt hatten, gefälscht war.

»Wir haben hier früher gewohnt, wissen Sie. Vorm Krieg. Ich bin in dieser Wohnung aufgewachsen und Max in der gegenüber. Es gab Schwierigkeiten, weil mein Vater Kommunist war. Wir wünschen uns beide so sehr, noch einmal hier zu leben.«

Elke hoffte, dass es ein gutes Leben würde, das Wagner'sche Leben, das hier nun stattfinden sollte. Sie würde ihnen die Einbauküche samt Geschirrspülmaschine und Waschmaschine dalassen, die gesamte Badeinrichtung, das Sofa, das Ehebett und den großen Schrank im Schlafzimmer. Trotzdem war die Wohnung erstaunlich leer, hohl fast, jetzt, da alles andere entweder verkauft oder verschenkt oder verpackt war. Jetzt, da die Stimmen ihrer Kinder sie nicht mehr erfüllten.

Die von der Truhe freigegebene Ecke war wunderbar, stellte Elke fest, um Gedanken nachzuhängen. Eigenartig, dass Fabian ihr dieses Refugium gelassen hatte. Eigenartig, dass hier nie etwas Schlimmes passiert war. Als wäre es ihm eine Erleichterung gewesen, dass sie einen jederzeit zugänglichen Raum besaß, der dennoch ganz frei von ihm war. Als habe ihm das eine Rechtfertigung verschafft. Niemand hätte ihm je vorwerfen können, er habe alles für sich beansprucht. Sie hatte ja etwas. Vor allem den Balkon:

»Den Balkonraum, den schönsten der ganzen Wohnung hast du dir gekrallt«, hatte er immer wieder gesagt, aber nie Anstalten gemacht, etwas daran zu ändern.

Dass er die Kinder zugesprochen bekommen hatte, quälte sie. Sie würde sie vermissen. Sie würde sich Sorgen machen um sie. Ständig. Solange sie selbst da gewesen war, hatte es für Fabian nie einen Grund gegeben, den Kindern etwas anzutun. Er hatte die beiden zu sich gerufen, sie in eines der Kinderzimmer gesperrt. Immer gemeinsam.

Die Schlüssel aller Türen der Wohnung hingen an seinem Schlüsselbund, weswegen er sich manchmal Spott von Dritten einhandelte:

»Wie viele Schlüssel schleppst du denn mit dir herum?«, bekam er manchmal zu hören, oder: »Was für Schätze hast du hinter so vielen Schlössern versteckt?« Er grinste dann charmant und vielsagend, und wechselte gekonnt das Thema.

Er schloss die Kinder weg, tat mir ihr, was er beschlossen hatte zu tun, und ließ Clemens und Arne erst wieder heraus, wenn Ruhe eingekehrt war. Ruhe in ihm. Ruhe in der Wohnung.

Und die Kinder durften nicht ins Gästezimmer. Nie. Das war eine Grundregel, die sie schon sehr früh verstanden hatten. Sie hatten schnell gelernt. Weil sie klug waren und weil sie verstanden, dass Elke weniger zu leiden hatte, wenn sie parierten. Es war ihr nie gelungen, einen Weg zu finden, diese fatale Koppelung aufzulösen. Sie war einfach zu real gewesen. So wussten die beiden auch genau, was sie vor der Familienrichterin zu sagen hatten.

Elke zündete sich eine Zigarette an und blies mit einem kräftigen Rauchstrahl den Gedanken an ihre Söhne fort, weit fort aus der offen stehenden Flügeltür, durch den kahlen Flieder. Sie hatte alles versucht. Sie hatte auf ganzer Linie versagt. Daran war in nächster Zeit nichts zu ändern. Einmal im Monat ein Wochenende. So viel hatte sie erreicht für sich und die Kinder. Immerhin.

Was nun blieb, war nur noch der Abschied von der Wohnung, die all ihr Versagen bezeugen musste, in deren Wände und Böden sich ihr ganzes Scheitern, ihre gesamte Unfähigkeit gemeißelt hatten: ihr anhaltender Fehlschlag beim Versuch, ein Leben zu leben, das sie erstrebenswert gefunden hätte. Diese Wohnung war der Ort gewesen, an dem sie ihrer eigenen Entwertung unter tausend Ausflüchten so lange zugestimmt hatte, bis ihr jüngeres Kind, Arne, zu ihr gekommen war in einer Nacht, in der Fabian sie morgens um fünf alle eingeschlossen hatte, um für ein paar Tage fortzubleiben. Arne hatte sich zu ihr ins verbotene Gästezimmerbett gelegt und ihren Kopf mit seinen dünnen Ärmchen umfasst.

»Ich glaube, Mama«, hatte er geflüstert »du musst weggehen.«

Sie hatte drei Wochen gebraucht. Dann war sie, nach einer friedlichen Nacht, unbemerkt gegangen. Zwei Tage später hatte Fabian die Wohnung verlassen. Den Rest hatten Anwälte geregelt und Mitarbeiterinnen eines Frauenhauses.

Wie verlässt man einen Ort, der gezwungen war, ein solches Scheitern zu beherbergen? Immer wieder stellte sich Elke diese Frage. Sie drückte die Zigarette auf einer der Teppichfliesen aus. Frau Wagner würde es ihr nachsehen. Den Stummel ließ sie liegen, steckte den Tabak in ihre Jackentasche, schloss die Balkontür und ging. Im Hausflur warf sie den Schlüssel in den Briefkasten des Hauswarts. Dann winkte sie ein Taxi heran und ließ sich zum Bahnhof fahren. Das Schlimmste war überstanden. Jetzt den nächsten Schritt tun. Dann den nächsten und den übernächsten.

An der Straßenecke wendete sie sich um und sah aus dem Rückfenster. Es war ganz einfach, dachte sie mit schmerzhafter Klarheit. Man verließ den Ort des größten eigenen Scheiterns wie jeden anderen auch. Man ging zur Tür, man öffnete sie, man trat hinaus und schloss die Tür wieder hinter sich. Es war nicht das Weitergehen, das schwierig war. Es waren die vielen kleinen Schritte bis zur Wohnungstür gewesen, das Niederdrücken der Klinke und der eine Schritt über die Schwelle. Und es würde sich, dachte sie, erst noch zeigen müssen, ob sie sich je verzeihen könnte, dass sie Arnes Hilfe gebraucht hatte, um diesen kurzen Weg endlich zu gehen.

DIE EINZIG GÜLTIGE PERSPEKTIVE

Er ist tot.

»Friedlich verstorben«, haben sie am Telefon gesagt, und ich musste grinsen: Der Frieden ist immer auf seiner Seite gewesen. In seinem Frieden lebte er stets völlig allein: die Pax violentiae, die er überall verbreitete, galt grundsätzlich nur ihm selbst.

Die Menschen fürchteten sich vor ihm und bewunderten mich, weil ich es nicht tat. Ich hatte aber, das wussten die meisten nicht, bessere Karten als sie. Er war sentimental und liebte mich, weil ich ihn immer wieder verließ. Das Verlassenwerden gefiel ihm. Niemand sonst verließ ihn. Die Menschen in seiner Umgebung entfernten sich in der Regel nur dann von ihm, wenn er sie davonjagte oder wenn sie starben.

Vor diesem Augenblick lebten wir alle in der Sklaverei, in seiner Sklaverei. Er umgab sich, beruflich wie privat, mit niemandem, den er nicht in der Hand hatte. Das war sein oberstes Prinzip. Und so lebten wir, seine Menschen, vor unserem Tod in Leibeigenschaft. Die meisten taten das, verständlicherweise, lächelnd und knicksend. Männer wie Frauen.

Dass ich es nicht tat, lag aber keineswegs an Stolz oder Selbstachtung. Über so etwas verfüge ich nicht. Ich knickste und lächelte nur deshalb nicht, weil er es so wollte. Oder, um noch ein wenig näher an die Wahrheit heranzureichen, weil er es von Anfang an so gewollt hatte. Weil er mich, um wirklich genau zu sein, darauf getrimmt hatte, und weil ich demzufolge gar nichts anderes kannte. Indem ich kein devotes Verhalten an den Tag legte, mich widerständig gerierte und ihn immer wieder verließ, entsprach ich seinem Willen.

Die Idee, ich sei das einzige Wesen außerhalb seiner Gewalt, war irrig, falsch, eigentlich sogar dumm, denn im Grunde war es augenscheinlich, dass selbstverständlich auch ich sein Eigentum war. Nur sah in meinem Fall die Leibeigenschaft ein wenig anders aus als bei den offen Geschundenen, und ich muss gestehen, alles in allem war es eine akzeptable Form der Sklaverei. Immerhin: Ich lebe. Das können die meisten seiner Menschen nicht von sich sagen.

In den letzten Jahren habe ich mich oft mit der Frage beschäftigt, warum er das Verlassenwerden mit einer derart ausgeprägten Heftigkeit liebte. Er liebte es so sehr, dass er mit der Zeit auf eine für die meisten kaum sichtbare, aber unumstößliche Weise davon abhängig wurde. Das gab mir eine gewisse Macht. Sie war es, die mich von den anderen unterschied. Sie war es, die mir eine schimmernde Krone aufsetzte, eine Krone von seinen Gnaden. Er wartete darauf. Gierig, süchtig, ungeduldig wartete er immer wieder darauf, dass ich ihn verließ. Und ich? Ich übte mich im Verlassen, was sonst? Ich gab mir die größte Mühe, die Kunst des Verlassens perfekt zu beherrschen. Es hing schließlich einiges davon ab.

War ich dann einmal fort, tobte er, schlug um sich, zerstörte das Mobiliar, quälte Familie und Angestellte perfider als sonst. Sie alle begannen deswegen irgendwann, mich mit einer gewissen Leidenschaft zu hassen. Das ist durchaus nachvollziehbar. Die meisten Dinge sind nachvollziehbar, vorausgesetzt man findet die richtige, die dazugehörige, also die einzig gültige Perspektive. Deshalb habe ich nie ernsthaft dagegen aufbegehrt, nie um das Verständnis der Bediensteten, der Gäste, der Familie geworben. Möglicherweise tat ich es ein paarmal als Kind. Ich kann mich aber nicht daran erinnern. Aber solche infantilen Versuche, das Offensichtliche nicht anzuerkennen, können nicht lange angehalten haben.

Bis auf ein einziges Mal, an das ich mich nicht gern entsinne, kehrte ich immer zurück. Es war das eine Mal, das wohl in jeder Beziehung vorkommt, und seine Folgen haben mir klargemacht, dass es kein zweites geben würde. Immer, wenn ich wiederkam, blieb er in seinem Arbeitszimmer, schmollte und wartete darauf, dass ich ihn aufsuchte.

Natürlich tat ich das nicht. Nie. Man muss sich schon an die Spielregeln halten, das ist das mindeste. Ich verbrachte also einige Stunden in meinem Zimmer, in dem, was er mein Zimmer nannte: ein großer, lichtdurchfluteter Raum im ersten Stock seiner inmitten eines verschwenderisch gestalteten Parks gelegenen Villa. Auf dem Boden fleckenlose, cremeweiße und wegen der von Zeit zu Zeit auftretenden, irreversiblen Verschmutzungen mehrmals im Jahr erneuerte Auslegeware aus Kaschmirwolle, an den Wänden irgendeine aus Seide gewebte Mustertapete, die er ausgesucht hatte, und in der Mitte ein großes Bett. Mehr duldete er nicht. Meine Tagebücher und Spielkarten bewahrte das Zimmermädchen meiner Mutter für mich auf. Heimlich natürlich und gegen eine hohe Bestechungssumme, denn sie riskierte sehr viel damit.

Ich wartete also. Irgendwann stürmte er schließlich ins Zimmer, riss mir die Kleider vom Leib, bis ich nackt oder in Fetzen vor ihm stand (und wehe, ich wehrte mich nicht ein wenig, und wehe, ich trug nicht teure Kleidung, die ich liebte), und schlug mich. Schlug mich windelweich. Grün und blau. Bis zur Besinnungslosigkeit. Krankenhausreif. Wie man das halt so sagt mit diesen fleisch- und knochenlosen, nervenfreien Worten, die vermeintlich beschreiben, wie es ist, wenn ein Mensch einen anderen Menschen misshandelt. Dann ging er und schloss mich ein.

Das Ganze darf man sich nicht zu dramatisch vorstellen, denn es war eine eingespielte und demnach berechenbare Angelegenheit. Grob gesprochen wusste ich immer, was als Nächstes geschehen würde, und konnte mich darauf einstellen. Insofern war es faktisch unmöglich, ernsthaft verängstigt zu sein. Es war eine Frage der Entscheidung. Jedes Mal aufs Neue. Durch mein rechtzeitiges Gehen und Wiederkehren bestimmte ich zunächst einmal, dass ich mit großer Wahrscheinlichkeit weiterleben würde. Woraus zu schließen ist, dass ich am Leben hing und dieses Leben demnach nicht allzu schlecht gewesen sein kann. Darüber hinaus legte ich streng genommen sogar fest, wann seine Handlungen einsetzten. Geringfügige, die Regeln gleichsam bestätigende Ausnahmen und Unwägbarkeiten natürlich inbegriffen.

Es gab einige wenige Situationen, in denen ich wirklich Angst hatte. Sehr selten dachte ich, dass es diesmal – denn einmal musste es ja ohnehin geschehen, niemand hätte erwartet, dass die Dinge so ausgehen, wie sie jetzt ausgegangen zu sein scheinen –, dass es also diesmal vielleicht soweit wäre. Dass ich diesmal vielleicht sterben würde. Solche Augenblicke waren rar, und sie verflogen schnell. Der menschliche Organismus – übrigens auch, das habe ich festgestellt, die menschliche Psyche – verträgt erheblich mehr, als man dieser doch einigermaßen zerbrechlichen, wenig robusten und eigentlich schlecht geschützten Konstruktion auf den ersten Blick zutrauen würde.

In der Regel war ich frühestens zweieinhalb bis drei Wochen, spätestens aber zwei Monate nach meiner Rückkehr wieder so hergestellt, dass ich mich öffentlich zeigen konnte. Er ließ das von Herbert, seinem Diener, überprüfen. Ging es mir wieder gut genug, war der Stubenarrest vorbei.

In der Zeit, die bis dahin verstrich, hatte ich Zugang zu meinem Bad und meiner kleinen Teeküche, die sich beide an die Rückfront meines Zimmers anschlossen. Mit den Jahren habe ich dort eine als Sammlung von Kräutertees getarnte, überragende Naturapotheke angelegt. Dennoch sind mir einige Unannehmlichkeiten geblieben. Seit einem mehrfachen Rippenbruch, den ich einfach nicht in den Griff bekam, habe ich häufig stechende Schmerzen in der Gegend der linken Lunge. Und meine Nase ist, nun ja, sie sieht inzwischen eigenartig aus. Besser kann ich es nicht beschreiben. Das Einzige, was mich wirklich plagt, sind die inzwischen chronischen Kopfschmerzen. Ich vermute, sie rühren von den vielen Schlägen auf das, was er in solchen Momenten – denn er fluchte gern, deftig und gekonnt – in durchaus eloquenter Art den verwaisten Sitz meines nicht vorhandenen Intellekts zu nennen pflegte. Durch die Schmerzen jedenfalls erscheint mir mein Kopf seit vielen Jahren nicht mehr als leer. So hat das Schmerzhafte bei genauerem Hinsehen nicht selten auch eine ganz besondere, eine scherzhafte Seite.

Der Arrest war immer dann beendet, wenn Herbert in Begleitung des gerade aktuellen Stubenmädchens frühmorgens in mein Zimmer kam. Die genaue Tageszeit kannte ich nie, da im Zimmer keine Uhr zugelassen und es den Bediensteten strengstens untersagt war, während solcher Wochen mit mir zu sprechen. Jedes Mal überreichte mir Herbert einen üppigen Strauß duftender roter Rosen aus dem Gewächshaus unten im Park und ein Kuvert mit viel, mit sehr viel Bargeld. Auf einem Teetischchen servierte seine Begleiterin eine große Kanne fetten, mit Sahne zubereiteten Kakaos und zwei oder drei Vanilleplätzchen. Der Kakao hatte eine besondere Bedeutung. Wie wohl alle Kinder liebte ich als kleiner Junge dieses süße, aromatische Getränk. Ich bekam es regelmäßig serviert, jedoch ausschließlich zum selben Anlass wie heute noch. Der Kakao war sozusagen ein wesentlicher Teil des Verlassentrainings gewesen, Signal und Belohnung zugleich: Nun war es, für dieses Mal, vorbei. Nun bekam ich wieder Süßes geschenkt. Ich entsorge ihn schon seit Jahren in der Toilette. Das ist eines meiner wenigen, gut gehüteten Geheimnisse.

Gewöhnlich folgten hierauf mehrere Monate, in denen ich, finanziell, ideell und emotional in allem von ihm unterstützt und liebevoll bedacht, ungestört tun konnte, was auch immer ich wollte. Als ich älter wurde, spielten wir abends nicht selten Schach, saßen, wenn er keine anderen Verpflichtungen hatte, im Pfeifenzimmer und diskutierten philosophische oder politische Fragen. Oft erzählte er mir vertraulich und amüsiert pikante Geschichten aus dem Arbeitsalltag in der Chefetage der Bank, der er vorstand und die er, wie alles andere auch, als sein Eigentum betrachtete.

So hat er mich seine Dankbarkeit immer spüren lassen. Dieses spezielle Glück, das ich ihm bereitete, indem ich ihn regelmäßig verließ, um wiederzukehren, brachte eine Spannung in sein Leben, die durch nichts zu ersetzen war. Ich weiß, dass er eine Zeitlang versuchte, denselben Effekt durch teils erkauften, teils erzwungenen sadomasochistischen Sex zu erzielen. Aber das funktionierte nicht. Ich glaube, es war ihm zu gewöhnlich, zu alltäglich. Was er brauchte, war etwas Subtiles, Feines, etwas, das auf eine verborgene Weise tatsächlich mit Liebe zu tun hatte, nicht nur mit Macht. Das war es, was ich ihm gab. Das war es auch, was meine Sonderstellung ausmachte, meine besseren Karten, meine persönliche Pole-Position: Ich liebte ihn, also konnte ich ihn verlassen. Jedenfalls spielten wir beide es so.

Drei Dinge muss ich unbedingt hervorheben. Sie sind alles andere als selbstverständlich, und ich bin immer wieder dankbar dafür, dass er sie so und nicht anders organisiert hat: Er ließ mich nie hungern, er hat nie Sex von mir erwartet, und er hat mich nie vergewaltigt.

Natürlich war dennoch alles, was zwischen uns passierte, von Erotik durchtränkt. Immerhin ist er mein Vater, ein Sadist und ein

Despot, aber diese latente, alles durchdringende und von purer Macht gespeiste Form des Sex wurde zwischen uns nie vollzogen oder manifest. Das kann eigentlich kaum jemand in seiner Umgebung, und das können auch sonst nur wenige Menschen von sich sagen. Ich kann es. Und verdanke es meinem Vater.

Ich habe immer eingesehen, dass diese Dinge einer tiefen Logik entsprachen und einer absoluten Folgerichtigkeit geschuldet waren. Ich kann mich daher nicht besonders furchtlos finden, obwohl viele mich so beschreiben. Ich habe lediglich eine Wahl getroffen, die unter den gegebenen Umständen, unter den Umständen meines, also seines Lebens, lediglich logisch war. Das hat mit Furchtlosigkeit nichts zu tun.

Die Auskunft, die ich in der Frühe im Hotel erhielt, hat mich übrigens keineswegs überrascht. Ich wusste schon am Abend vorher, dass es mit ihm zu Ende ging. Am Dienstag hatte ich ihn verlassen. Gleich nachdem ich seine Unruhe bemerkt hatte, die eigenartigen Blicke, mit denen er mich verfolgte und diesen leicht aggressiven Unterton, wenn er das Wort an mich richtete. Ich kenne die Regeln, die Anzeichen und den Code. Also ging ich noch am selben Abend.

Mein Gepäck ist immer leicht und überschaubar, weil ich nie länger als eine Woche fortbleibe. Das ist die Grenze. Acht Tage sind im Spiel nicht vorgesehen. Es sollten nicht weniger als vier sein, das habe ich schnell herausgefunden, aber auch nicht mehr als sieben. Diese Regel, diese Sieben-Tage-Regel, habe ich übrigens selbst aufgestellt. Das heißt, ich habe einfach beschlossen, den achten Tag nie auszuprobieren, denn als ich mit siebzehn ein einziges Mal versucht habe, nicht zurückzukommen, trieben seine Leute mich am neunten Tag auf, morgens um halb fünf. Dabei kamen drei Menschen um. Natürlich nicht sofort, sondern wenige Zeit später und einer nach dem anderen. Alles Unfälle. Ich selbst war anschließend etwa sieben Monate lang nicht in der Lage, den Stubenarrest zu beenden. Und auch dann gelang es mir nur mit Mühe und Not. Ich habe mir also gesagt: Acht ist zu nah dran an neun. Am siebten Tag hat schon der Herr geruht, also will auch ich es sicherheitshalber, denn immerhin ist das Spiel ein gefährliches, am siebten Tage gut sein lassen. Und damit bin ich über all die Jahre wunderbar gefahren.

Wie immer habe ich den kleinen, handgefertigten Rollkoffer aus hellbraunem Wildleder gepackt, den er mir übrigens am Jahrestag dieses neunten Tags geschenkt hat, und bin am frühen Abend losgezogen. Gewöhnlich setze ich mich am Marktplatz in ein Taxi, fahre zum Flughafen und wähle die nächste europäische Stadt, die auf dem Plan steht. Geld spielt keine Rolle. Mein Vater lässt sich seine Leidenschaften durchaus etwas kosten.

Den größten Teil der Tage verbringe ich im Hotel. Ich sehe viel fern. Wenn ich die Sprache gut genug beherrsche, lasse ich mir aus der nächsten Buchhandlung etwas zum Lesen bringen. Manchmal kaufe ich Sex. Zweimal am Tag gehe ich essen und besuche täglich die Hotelsauna. Was ich tue, ist unwichtig. Es geht nur darum, die Zeit totzuschlagen.

Als ich am frühen Dienstagabend im Hotel ankam, holte ich aus dem Koffer, was gewöhnlich das Zimmermädchen meiner Mutter für mich aufbewahrt: ein etwa sechs Quadratmeter großes, rechteckiges Tuch aus Wildseide, einen Stapel abgegriffener Karten und eine Hunderterpackung Teelichte.

Bei jeder dieser Reisen tue ich das. Es ist eine Art Ritual, und ich bin fest davon überzeugt, dass es lebensgefährlich für mich wäre, es auszulassen. Ich lege das Tuch auf den Hotelteppich, zünde Räucherstäbchen und so viele Kerzen wie möglich an und lege Karten aus: Tarotkarten. Vor Jahren habe ich ein eigenes Deutungssystem für diese Nächte entwickelt. Von seltenen Ausnahmen abgesehen, stelle ich grundsätzlich nur eine Frage:

»Was sollte ich wissen oder tun, wenn ich zurückkomme?«

Meistens antworten die Karten mit Durchhalteparolen. Die Acht der Kelche zum Beispiel sagt mir: »Wenn du heimkommst, wird er auf Dienstreise sein, genieße also vorerst das Leben.« Die Neun der Scheiben dagegen ermahnt etwa in der folgenden Art: »Du musst mutig und stark sein, denn dir stehen heftige Schmerzen bevor. Am Ende aber wird sich alles zum Guten wenden.« So hat jede Karte ihren besonderen Sinn für mich, den sonst niemand kennt.

Dienstag Abend saß ich wie immer im Hotelzimmer auf meiner Wildseidendecke, um mich herum sicherlich vierzig brennende Teelichte, die eine fast weihnachtliche Stimmung erzeugten. Ich konzentrierte mich auf meine übliche Frage, mischte dabei die Karten und zog schließlich zu meinem Entsetzen die Zehn der Schwerter. Ich sackte förmlich zusammen. Denn die Bedeutung dieser Karte, die ich nie vorher gezogen hatte, ist furchtbar: Etwas, unter Umständen ein Leben, wird vor der Zeit auf abrupte und womöglich grausame Weise beendet werden. Klar, was ich dachte.

Aber dann, ich weiß nicht genau, warum, beschloss ich, eine weitere, eine Erklärungskarte für diese erste zu ziehen. Diesmal erschien der Herrscher, und schlagartig wurde mir bewusst, dass er es war, nicht ich, der sterben würde.

Um mich zu beruhigen, habe ich den ganzen Abend Räucherstäbchen angezündet, eines nach dem anderen, und, um mich abzulenken, bis tief in die Nacht ferngesehen. Lesen konnte ich nicht. Um sechs Uhr morgens rief ich dann an.

»Friedlich verstorben«, haben sie gesagt, und ich musste grinsen, weil der Frieden immer auf seiner Seite gewesen ist. Er hat ihm gehört, wie alles andere auch. Dann aber fiel mein Blick auf die Zehn der Schwerter, und ich ließ Herbert holen. Als er nicht sagen wollte, was wirklich passiert war, wusste ich, dass das mit dem Frieden nicht wirklich stimmen konnte.

Tatsächlich, das habe ich inzwischen von der Polizei erfahren, ist er volltrunken gegen einen Baum gefahren und war sofort tot. Das fand ich eigenartig, denn gewöhnlich fährt er nicht selbst. Wozu hat er schließlich zwei Chauffeure? Der Fahrer sei auch tot, erklärte mir daraufhin der Polizist. Er sei überfallen und grausam verstümmelt worden. Vermutlich während er auf meinen Vater wartete. Der wiederum sei, als er seinen Angestellten, auf diese Weise zugerichtet, in der Nähe des Wagens im Gebüsch gefunden habe, wohl unter Schock fortgefahren.

Als ich vorhin hier ankam, flüsterte Herbert mir ins Ohr, dass mein Vater seiner Meinung nach so ein schnelles und schmerzloses Ende nicht verdient habe. Das passt zu ihm: Herbert geht das Leben pragmatisch an, beurteilt es aber moralisch. Anders kenne ich ihn nicht.

All das tut aber ohnehin nichts zur Sache. Mich beschäftigt eigentlich nur noch eine einzige Frage, denn offenbar lebe ich noch. Das ist natürlich ein Segen, aber, ich muss gestehen, ich bin mir nicht sicher, was ich damit, nun, da er fort ist, anfangen soll. Mit diesem seinem Leben, in dem ich ihn nicht mehr verlassen und also am Leben bleiben kann.

VON WEGEN TÜRÖFFNER

Matze ist groß, schwabbelig, unrasiert und riecht zu jeder Tageszeit nach frischem Bier, außer am frühen Abend, wenn er aufsteht, da riecht er nach altem Bier. Matze ist am Ende, weil sich seine Freundin umgebracht hat. Er hat sich in seiner Wohnung eingeschlossen, die genau unter meiner Wohnung liegt, und lässt niemanden rein. Das ganze Haus spricht darüber. Matze tut, was er immer tut, zu jeder Tageszeit – außer zwischen ungefähr elf und achtzehn Uhr: Er hört laute, harte Musik mit deutschen Texten, was bedeutet, dass alle im Haus laute, harte Musik mit deutschen Texten hören, zu jeder Tageszeit – außer ungefähr von elf bis achtzehn Uhr. Alle im Haus hören, was Matze hört, weil er vor ein paar Jahren den Lautstärkeregler an seinem Verstärker auf zehn gestellt und dann abgerissen und in den Hof geworfen hat. Alle im Haus hören außerdem, was Matze hört, weil wir in einem hellhörigen Bombenlochhaus aus Billigmaterial leben, das Anfang der Fünfziger zwischen zwei Gründerzeitaltbauten hochgezogen wurde.

Vor drei Tagen hat sich Matze in seine Wohnung eingeschlossen und lässt niemanden rein, weil seine Freundin sich umgebracht hat – und weil ihm das einen Grund gibt, auch in der Zeit zwischen elf und achtzehn Uhr wach zu sein und laute, harte Musik mit deutschen Texten zu hören. Die Texte handeln von Ausländern, von verschiedenen Ungeziefertarten, von Knüppelschlachten und Helden und von den guten, alten

49

Zeiten. Matze wohnt seit sieben Jahren hier. Ich wohne seit einem Jahr hier. In dieser Zeit habe ich drei Mal mit Matze gesprochen.

»Mach die Musik aus, wenn du sie nicht leiser stellen kannst«, habe ich jedes Mal gesagt.

Matze hat jedes Mal gelacht. Aber er hat auch jedes Mal seine Musik für eine halbe Stunde ausgestellt und versucht, mich in ein Gespräch zu verwickeln. Deshalb sind alle im Haus beeindruckt von mir. Matze findet mich sexy, obwohl ich etwas Ähnliches wie ein Ausländer bin.

»Du bist die Ausnahme, die die Regel bestätigt«, sagt er in solchen Momenten.

»Lass die Musik aus«, sage ich in solchen Momenten.

Jetzt läutet es an meiner Wohnungstür. Es sind Thomas und Mark und Heinz. Sie sind groß, schwabbelig, unrasiert und riechen zu jeder Tageszeit nach Bier. Sie schätzen Frisuren, die Militärfriseure schätzen. Sie schätzen Klamotten, die Militärschneider schätzen. Sie tragen Doc Martens-Stiefel oder Chucks. Thomas und Mark sehen zur Seite. Heinz sieht mich an.

»Matze sacht, er lässt nur disch in seine Wohnung.«

»Der spinnt wohl«, sage ich.

Heinz brummt: »Seine Freundin hat sich umjebracht.«

»Ich weiß«, antworte ich und nicke. »Tut mir leid.«

»Matze sacht, er lässt nur disch in seine Wohnung.« Während Heinz sich wiederholt, ballt er in Zeitlupe die Rechte zur Faust.

»Scheiße!«, sage ich.

»Na also, jeht doch«, sagt Thomas und grinst und Mark sieht mich jetzt auch an, und dann gehen wir aus dem ersten Stock ins Erdgeschoss und Mark donnert mit der Faust gegen Matzes Tür.

»Det Medl is hier«, brüllt er.

Vor mir Matzes Wohnungstür, hinter der jemand ein Lied über Fackelmärsche grölt, hauptsächlich begleitet von einem Schlagzeug. Um mich herum ein kantiger Halbkreis aus Mark und Thomas und Heinz. Thomas ist der kleinste von ihnen. Thomas ist eineinhalb Köpfe größer als ich. Sie riechen nach drei Mal ungewaschener Mann. Sie riechen nach Talg und Urin und Bier und so weiter.

»Ich geh wieder«, sag ich.

»Nix«, sagt Mark und legt seine Hand auf meine Schulter.

»Nimm deine Hand da weg!«

Er nimmt seine Hand da weg. Er brüllt:»Matze, det Medl is da.« Er brüllt es in eine Fackelmarschpause.

»Haut ab!«, schreit Matze, dann setzt die Musik wieder ein.

»Sach du wat«, sagt Thomas und stupst mir mit dem Finger in den Rücken.

»Matze, mach die Tür auf!«, rufe ich.

Die Musik geht aus.

»Wat?«, schreit Matze.

»Mach die Tür auf«, rufe ich noch einmal.

Etwas fällt hinter der Tür durch den Flur auf uns zu, rappelt sich hoch, macht sich an ihr zu schaffen und öffnet sie. Matze hat Brustpiercings. In jeder Brustwarze eins. Matze trägt Boxershorts mit Minnie Maus drauf. Matze hat ein Tattoo am rechten Oberarm, auf dem etwas in Runenschrift steht. Und er riecht, wie er immer riecht. Er glotzt mich an.

»Sophie hat sich umjebracht.«

»Ja«, sag ich, »tut mir leid.«

Matze nickt. Er lässt die Tür offen, schlurft ins Zimmer zurück.

»Ich geh jetzt«, sag ich.

»Nix«, sagt Heinz und schiebt mich in Matzes Flur.

»Die Tür ist offen! Ihr braucht mich nicht mehr!«

»Nix«, sagt Heinz und schlägt die Tür hinter uns zu.

»Fass det Medl nich an!«, ruft Matze, und: »Du bist die Einzje, die mich vasteht«, sagt er zu mir.

»Wir haben erst drei Mal miteinander gesprochen«, erinnere ich ihn.

»Trotzdem. Du bist die Einzje, die mich vasteht«, sagt er noch einmal. Dann kommandiert er Thomas und Heinz und Mark in die Küche ab und macht eine Bewegung mit der Hand: Ich soll mich zu ihm aufs Bett setzen.

»Du spinnst wohl!«, sag ich. »Mach mal lieber das Fenster auf!«

»Setz dich«, sagt Matze.

»Also was ist?«, frag ich.

Matze erzählt von Sophie. Und davon, wie Sophie sich umgebracht hat. Matze erzählt, wie Sophies Mitbewohnerin sie gefunden hat. Und dass sie erst ihn und dann die Polizei angerufen hat. Matze weint, während er erzählt, und raucht und trinkt Bier. Die Jungs in der Küche reden leise. Sie rauchen auch. Jedes Mal, wenn sie ein neues Bier holen, schnauft die Kühlschranktür. Ab und zu lachen sie.

Ich gehe ins Bad, hole eine Rolle Klopapier und halte sie Matze hin. Ich setze mich auf die Tischkante vorm Bett und denke, dass ich nicht glauben kann, was ich gerade tue. Ich bin echt bescheuert, denke ich. Seine Freundin hat sich umgebracht!, denke ich sofort hinterher. Matze schluchzt. Ich nehme seine Hand. Ich bin echt bescheuert, denke ich. Seine Freundin hat sich umgebracht!, denke ich, und ich denke, dass ich echt, wirklich bescheuert bin, aber ich lasse seine Hand in meiner.

»Deine Freunde sind hier«, sage ich nach einer Weile.

»Aba du bist die Einzje, die mich vasteht«, schluchzt Matze.

»Sie haben Angst, dass du dir was antust.«

»Tu ich auch!«, sagt Matze.

»Tust du nicht«, sag ich.

»Du musst bei mir bleiben«, teilt er mir mit und wischt sich mit dem Handrücken über die Nase.

»Vergiss es.«

»Ich tu mir was an«, murmelt er und greift zur Bierflasche.

»Quatsch!«, sage ich.

»Na, ihr Turteltäubchen?« Das sagt Mark. Er lehnt im Türrahmen und hält eine Dose Lübzer Pils in der Hand.

»Halt's Maul«, sagt Matze.

»Ich geh jetzt«, sag ich.

Thomas drängelt sich an Mark vorbei ins Zimmer. »Alles klar, Mann?«, fragt er.

»Tschüss, Matze«, sage ich beim Aufstehen.

»Ich mach nie wieder die Musik so laut«, verspricht er aus heiterem Himmel.

»Wer's glaubt, wird selig ...« Damit schiebe ich mich an Thomas vorbei.

»Wirst schon sehen«, ruft Matze mir hinterher.

Heinz steht im Flur. Der ganze Flur ist voll mit Heinz.

»Nicht schlecht«, sagt er und grinst mich an.

»Was?«, frage ich.

»Dein Türöffner-Auftritt«, sagt er anerkennend und zwinkert. »Ich hab mir den Zweitschlüssel genommen«, beruhigt er mich.

»Prima«, sage ich, »dann braucht ihr mich ja jetzt wirklich nicht mehr.«

Zurück in meiner Wohnung, beschließe ich zu duschen. Da grölen plötzlich ein heiser kreischender Männerchor in Lautstärke zehn und vier Live-Stimmen in Lautstärke besoffen das Horst-Wessel-Lied durchs Haus.

Ich stehe vor meiner Dusche und höre, wie Heinz und Thomas und Mark und Matze um den Tisch vor Matzes Bett marschieren, auf dem ich eben noch gesessen habe. Alle im Haus hören, was ich höre, und ich stehe vor meiner Dusche und denke nach:

Ich brauche die Taschenlampe. Ich brauche das Vorhängeschloss von meiner alten Fahrradkette. Das ist alles.

Matzes Verschlag ist der zwischen der Kellertreppe und meinem Verschlag. Am Boden ganz hinten liegt dort ein wenig Unrat, sonst ist er leer. Weil Matze seinen Verschlag nicht benutzt, schließt er ihn auch nicht ab. Die Tür ist nur angelehnt. Auf Kopfhöhe zerteile ich ein paar Spinnweben. Dann sind es nur noch wenige Schritte bis zu Matzes Sicherungskasten.

Ich drehe seine Hauptsicherung heraus, stecke sie in meine Hosentasche, denke, dass ich mich jetzt beeilen muss, gehe schnell aus dem Verschlag, hänge das Schloss in den Haken und drücke es zu. Es gibt ein geschmeidiges »Klick« von sich. Ich ruckle daran: Die Tür zu Matzes Verschlag ist fest verschlossen. Und oben in seiner Wohnung ist es mit einem Mal mucksmäuschenstill.

Dann radle ich zur Elsenbrücke, stelle mich genau mittig über die Spree und werfe in hohem Bogen die Sicherung ins Wasser.

»Von wegen Türöffner«, sage ich versonnen, und unten schnattern die Enten.

ZWEIERLEI DING

»Gehen wir«, sagt er.

Lena seufzt.

»Gehen wir!«

Wohin ginge gehen?, denke ich verwirrt.

»Raus«, sagt er, »gehen wir.«

Ich betrachte die Falten um seine Lippen. Die Falten an seinem Hals. Ich beginne zu zählen, aber es ist vergeblich: Ich weiß nicht mehr, vor wie vielen Jahren ich ihn zuletzt gesehen habe.

Später wiederholt er kurze, einsilbige Worte. Immer wieder sagt er: »raus«, murmelt es nachdenklich vor sich hin, schaut auf seine Hände dabei. »Fort«, sagt er, und: »weg«, und dann wieder, immer wieder: »raus«.

Wir bringen ihm einen Grog. Wir bringen ihm eine Schokolade mit Sahne. Wir brächten ihn auch gern ins Bett.

»Einen Mann von dreiundachtzig Jahren?«, fragt er erstaunt. »Also...«, sagt er beeindruckt und nickt.

Um den Regen besser zu hören, öffnen wir das Fenster.

»Ingweraufguss.« Wie der Alte es sagt, klingt es eher ungläubig, nicht wirklich nach einer Ablehnung. Resigniert schüttelt Ferdinand den Kopf und setzt sich wieder.

Der Regen wäscht den Staub fort. Das Tapsen kleiner, nasser Tiere im Tröpfeln. Sie halten inne. Sie huschen weiter. Niesel stäubt im offenen Fenster. Alle atmen wir auf, schließen kurz die Augen, wenden die Gesichter dem Wald zu, der badet. Die Kleine legt einen Scheit Holz nach. Sie darf das: Heute Morgen hat sie gefragt. Das Feuer prasselt.

»Ingweraufguss«, brummt der Alte wieder. Er nippt am Grog. Die Schokolade hat er nicht angerührt. Nur mit dem Löffel die Sahne abgeschöpft und langsam im Mund zergehen lassen.

Zwischen Fenster und Kamin ist es sehr still. Prasseln. Tapsen. Wir lauschen dem Metrum, das entsteht. Die Kleine lacht. Sie setzt sich vor den Alten auf den Boden und lässt ihre Murmeln durch die Stille klackern.

»Ist doch ein guter Tag, um zu sterben«, versuche ich.

»Ja, ja«, sagt der Alte unwirsch.

»Sie ist schon seit Dienstag tot«, Ferdinand logisch wie immer.

»Sterben und Sterben«, sagt Marianne leise, »ist zweierlei Ding und dauert manchmal länger, als es den Anschein hat.« Beinahe klingt es wie eine Drohung.

»Lächerlich!« krächzt der Alte, schüttelt den Kopf dabei.

Mariannes Stimme bebt jetzt. »Wär sie doch schon früher gestorben«, wimmert sie und es ist schwer auszumachen, ob sie sich fürchtet oder gerührt ist.

Der Alte schaut auf: »Ich wünschte so sehr«, sagt er.

Es regnet und regnet.

»So sehr«, sagt er.

Die Kleine ist eingeschlafen auf den Dielen. Ferdinand legt sie aufs Sofa, breitet eine Decke über sie.

»So viel Hass«, sagt der Alte und seine Augen leuchten, »so viel Erleichterung und Hass!« Der Reihe nach sieht er uns an.

Ferdinand, der neben seiner schlafenden Tochter sitzt, schaut erst zu mir, dann zu Boden. Beinahe, als fühlte er sich ertappt. Und vielleicht denke ich das nur, weil ich mich so fühle.

»Ach, könnte ich so hassen«, sagt der Alte, ballt die Hände zu knochigen, harten Fäusten und schaut uns wieder einen nach dem anderen an, eindeutig neidisch.

Marianne nimmt von den Peperoni. »Scharf«, stellt sie fest. »Sehr, sehr scharf.« Es knackt laut jedes Mal, wenn sie hineinbeißt. Der Alte schiebt Brot und Käse zu ihr über den schmalen Tisch. Ferdinand streicht seinem Kind übers Haar, dann setzt er sich zu uns.

»Für sie wäre ein schlechter Tag besser gewesen.« Marianne sagt das, und ich lächle.

Immerfort fällt der Regen. Bald wird es dunkel werden. Ich zünde eine Kerze an. Kerzen sind gut. Warm. Weich. Diese hier sondern Zimtgeruch ab. Noch wärmer. Kerzen sind gut. Was der Alte gesagt hat, ist wahr. Sich umzugewöhnen, geht nicht sehr schnell. Man kann nicht einfach keine Angst mehr haben, nur weil sie tot ist. Die Angst ist lang noch da. Kerzen sind gut.

»Gehen wir«, sagt der Alte.

Ferdinand weint. Das Kind schläft. Marianne trägt die abgenagten Peperonistiele zur Anrichte. Sie legt sie in die kleine Keramikschüssel, in der hier Kompost gesammelt wird, und kommt mit Wein zurück.

»Ich wünschte«, sage ich.

Von der Bundesstraße ist lautes Hupen zu hören. Alle sehen wir auf. Es klingt quer durch den Wald. Tönt über das Regenrauschen und durch die Fenster, verebbt schließlich. Im Schlaf dreht das Kind sein Gesichtchen zur Lehne. Marianne zieht ihm die Decke über die Schultern.

»... ich hätte so eine Schüssel für meinen Kompost«, probiere ich, weil ich nicht sagen kann, was ich sagen will.

Marianne nickt ernst, während ich, den Kopf schräg gelegt, meinen eigenen Worten hinterherlausche.

»Reißt euch halt endlich zusammen«, fordert der Alte, aber ich gebe nichts darauf. Er weiß nicht, was Angst ist. Er hat keinen Begriff davon.

»Du warst nie da«, weist Marianne ihn zurecht. Sie tut es leise und so scharf, dass ich an ein Wurfmesser denken muss.

»Wein?«, frage ich in die Runde.

»Die Kerzen«, sagt Ferdinand und lässt eine kleine Pause entstehen, »die sind gut.«

»Ja«, Marianne lacht jetzt, »wenigstens haben wir Kerzen.« Dann lacht sie lauter. »Jetzt beneidet sie uns sicher.«

»Beneidet ... Wieso?«, will Ferdinand wissen, und ich will es auch wissen. Sie hat nie jemanden beneidet. Keinen von uns. Zu keiner Zeit. Sie hat uns immer nur verachtet. Selbst den Alten. Immer. Nur.

»Wir haben wenigstens Kerzen«, lacht Marianne, schlägt sich die Schenkel dabei und ihr laufen Tränen übers Gesicht. Da wo sie jetzt ist, ist es – darauf wette ich! – eiskalt und zappenduster.«

Ich öffne die staubige, grüne Flasche, die sie aus dem Keller geholt hat.

»Gehen wir«, sagt der Alte, greift im Sitzen nach den Fensterflügeln und schließt sie: »Ganz schön frisch geworden da draußen.«

Ferdinand gießt uns allen Wein ein.

Das Kind auf dem Sofa murmelt im Schlaf.

FORT IN DIE WELT

Das Haus schrumpft. Das tut es schon immer. Ein Mann, eine Frau, ein Mädchen und ein Junge stehen auf dem Brachland und betrachten es. Der Mann hat das Haus gekauft.

Am Anfang ist es riesig. Vier Räume im ersten Stock, fünf im Erdgeschoss: ein Wohnzimmer, eine große Küche, eine Bibliothek, die die Frau manchmal auch Herrenzimmer nennt, eine Halle, ein Flur, ein Bad, drei Zimmer zum Schlafen und ein Gitter aus Schmiedeeisen vor allen Fenstern. Eine Steinmauer, hoch, ockerfarben und rau, die liegt um den Garten mit Rosen. In seiner Mitte ein flaches Becken mit Wasser und die zwei schönsten Kirschbäume der ganzen Welt.

Dann sind im Haus ein Mann, eine Frau, ein Mädchen, ein Junge, ein Junge, ein Junge, ein Hund und ein Hund. Später eine Schildkröte und vier Finken in einem winzigen, goldglänzenden Käfig. Zwanzig Tauben in einem Verschlag auf dem Flachdach.

Manchmal eine zweite Frau. Sie heißt Soltan, das bedeutet Kaiser. Aber der Mann und die Frau nennen sie Kolfat, das bedeutet Dienerin. Sie wischt Dreck von den Stufen und Schlieren von den Fenstern. Sie bügelt und kocht und wäscht das Geschirr. Eine Zeitlang ist auch noch ein zweiter Mann da. Einer aus den Südvierteln, wo es keinen Strom gibt und kein Wasser und Menschen auf der Straße leben. Bevor er zum Militär geht, kümmert er sich um den Garten. Danach knallt er schwarz polierte Hacken beim Besuch. Manchmal gibt es eine Tante im Haus, der baumelt ein Transistorradio vom Handgelenk. Sie trägt einen weißgepunkteten, pinkfarbenen Minirock. Modern ist er und schön. Ein einziges Mal gibt es zwei Großmütter. Ein andermal eine Cousine aus Deutschland, die hat lange, blonde, wellige Haare und spitze, weiche Brüste. Sie liest *Pippi Langstrumpf* vor und *Die Herren von Greifenklau*.

Später sitzt das Mädchen auf dem Sims im Flur. Es ist schmal und sie klammert sich an den Fenstergriff. Im Sommer, wenn die Fenster offen stehen, hält sie sich am Gitter fest. Das ist ein guter Gitterzweck. Ihre Beine hat sie angezogen und vor sich auf dem Sims überkreuzt. Das Mädchen hört zu. Die Frau bügelt Männertaschentücher mit grünen Streifen am Rand. Sie erzählt von einer Heimat in Europa. Die Menschen dort heiraten in Kirchen mit läutenden Glocken und die Bräute werden von Kutschen mit mächtigen Pferden gefahren. Sie tragen weiße Gewänder und schneefarbene Gaze auf dem Kopf mit knospendem Schleierkraut darin. Sie sind schön. Sie sind glücklich. Sie haben lächelnde Mütter und sind nie allein. Sie machen Brust raus und Bauch rein und stehen morgens um fünf zur Frühgymnastik auf. Sie waschen sich mit Wasser aus Kannen, die im Zimmer stehen. Darauf hat sich über Nacht eine feine Eisschicht gebildet, weil die Luft so kalt ist. Aber den Frauen in Europa macht das gar nichts aus. Sie sind echte Sportskanonen und abgehärtet, genau wie die Frau selbst. In der Heimat gibt es Mischwald auf Hügeln mit Rehen und Hasen und Rübezahl, und im Winter sieht man allüberall auf den Tannenspitzen goldene Lichtlein blitzen.

Hier aber, weit weg von Europa im Land des Mannes, hat der Kaiser das Sagen. Er hat einen Park bauen lassen. Der grenzt südlich an den Palast und ist sehr groß. Der Park ist für das Volk. Es gibt ein Labyrinth aus mannshohen Mauern, ein kleines Amphitheater, Bänke, Bäume, Blumen, Wege. Am unteren Ende einen Eisstand. Die Nachtluft ist blauschwarz und lau. Das Mädchen sitzt auf einem Kissen, das die Frau mitgebracht hat. Im Kesselgrund des Amphitheaters schwimmt eine Bühne. Sie ist dunkler als der weiche Sommernachthimmel. Dort stehen unsichtbare Puppenspieler. Sie kommen auch aus Europa. Aus einem Land dort, das hinter einem Vorhang aus Eisen liegt und in dem die besten Puppenspieler der Welt leben, sagt die Frau. Kindergroße Puppen schweben verzaubert in goldenem Bühnenlicht. Dort vorn geschehen unglaubliche Dinge, verworren und warm, nicht grell wie das Licht unterm Lampenschirm im Haus.

Der ist blau. Glitzerblau. Er schimmert transparent. Aus gebrochenem Glas ist er und sehr teuer. Der Lampenschirm hängt über dem großen Nussbaumtisch. Es ist verboten, im Esszimmer Fußball zu spielen. Jetzt aber funkeln Scherben in der Luft. Im Schatten sind es 43 Grad und die Beatles singen leise im Tintenfischgarten. Hinter Blubbern und Gurgeln liegt überall Glas, blau und in winzigen Stücken, auf dem Tisch und daneben und darunter und auf den Stühlen. Im Haus gibt es keine Geräusche mehr. Im blauen Ozean schwappen rote Wellen. Ein Wangenknochen ist zerborsten. Ein zugeschwollenes Auge, und Lippen sind geplatzt. Es gibt keinen Jungenschrei, weil es keine Luft zum Atmen gibt. Die Frau sitzt viele Stunden lang mit einer Tube Pattex vor dem blauen Glitzerberg. Der wird immer kleiner. Das Haus ist eng und starr. Dann hängt der Ozean aus doppelt gebrochenem Glas wieder geronnen über dem Tisch. Spät kommt der Mann. Er merkt nichts von dem Betrug. Der Junge lebt weiter.

Das Mädchen flieht in den Kaiserpark. Sie nimmt den Jungen mit und den Jungen und den Jungen. Später kommt die Frau mit einer Freundin dazu. Auf der Bühne im Kaiserpark ist ein großes weißes Tuch aufgespannt. Darüber zwinkern Sterne am Himmel. Grillen zirpen durch den Abend. Auf der Leinwand schneit es, und eine junge Frau aus Europa wird sehr schlecht behandelt. Aber eines Tages bringt ihr der Kutscher drei Haselnüsse, die sind verzaubert. Am Ende heiratet sie einen Prinzen.

Nach der Hochzeit fährt ein Kratzen durch die Dunkelheit: Runde Zahlen in Kreisen flimmern rückwärts über die Leinwand. Fünf, vier, drei, zwei, eins. Dann läuft ein Mädchen barfuß über die Leinwand, auf der eine schwarzweiße Wiese zu sehen ist, und hastet eine halbe Stunde später aus einer Hütte. Sie stellt ihre Schuhe auf den breiten Zaunpfahl und läuft in einen Wald aus grauen Sonnenblumen: für immer fort in die Welt.

Jetzt ist das Amphitheater dunkel. Das Mädchen schlüpft aus ihren Sandalen und trägt sie an den Riemen in der Hand. Die Frau und die Bekannte der Frau lachen sie aus. Das Mädchen schämt sich. Trotzdem zieht sie die Schuhe nicht wieder an. Auch nicht draußen auf der Straße und auch nicht im Auto. Das tut sie erst wieder im Haus.

VON DER RÜCKKEHR IN DIE LIEBE

DER DACHDECKER,
SEINE KINDER UND DIE LIEBE

Zwischen den Jahren steht er auf der kleinen Treppe vor ihrer Eingangstür, der Freund eines Freundes, Dachdecker. Er kommt zum Noteinsatz, wegen der undichten Stelle vermutlich rechts vom Schornstein. Und obwohl sie weiß: er heißt Samuel, weiß: er wohnt ein paar Straßen weiter, weiß: er hat Kinder oder doch zumindest eines, etwas in der Art hat ihr der Freund erzählt, von dem sie seine Nummer hat, und obwohl er fast auf die Minute zur vereinbarten Stunde auftaucht, steht sie in der offenen Tür, in der Winterkälte, die hereinströmt, sieht ihn an und denkt zwei kurze Sätze, über die sie sich erst später wundern wird.

Während sie die Tür noch ein Stück weiter öffnet, zur Seite tritt, um ihn einzulassen, den Kopf schüttelt, als er fragt, ob er die schneenassen Schuhe ausziehen soll, bevor er gleich einmal durch ihr ganzes Haus gehen und hinaufsteigen wird aufs Dach, denkt sie: Wer bist du denn? Und wieso kommst du erst jetzt?

Nebeneinander stehen sie im Windfang: sie die Klinke noch in der Hand, er den Werkzeugkasten in der Linken, die Rechte in der Jackentasche vergraben. Er hat sie nicht herausgenommen, um ihr die Hand zu schütteln. Er hat gelächelt und »Guten Tag« gesagt oder »Hallo«, vielleicht auch »Ich bin's, der Dachdecker«. Sie entsinnt sich nicht mehr genau, ist an seinem Blick hängengeblieben. Schattig, denkt sie, sein Blick ist schattig. Als sei er müde, vielleicht sogar erschöpft. Im schmalen Windfang stehen sie, und stehen eigentlich da schon auf diese überraschende Art: nah, schweigend, wie selbstverständlich.

Gleichzeitig beginnen sie zu lachen, leise und leicht, und gehen, statt sofort die Treppe hinauf, erst einmal durch den Flur in die Küche, als hätten sie sich abgesprochen.

»Ein Tee, ja, das wäre schön«, antwortet er.

Während sie Wasser aufsetzt, das Teesieb füllt, Tassen auf den Tisch stellt, betrachtet er sie, wie sie hantiert, ihm ab und zu einen Blick zuwirft, weiterarbeitet, und scheint in die Ruhe zu lauschen, die das Haus erfüllt. Später sprechen sie über den Schornstein. Darüber, dass es eine Stelle zwischen den Ziegeln gibt, die alle paar Jahre leckt, dass er nicht der erste Dachdecker ist, den sie gerufen hat. Davon, welche Gründe es für derart wiederkehrende Schäden – verdeckte Sollbruchstellen, sagt er – geben kann. Sie sprechen leise, tauchen Holzstäbchen mit Kandis in die Tassen, lauschen dem Klickern und Klackern des braunen Zuckers an den dünnen Porzellanwänden, dem Knacken, wenn die Wärme Risse darin verursacht. Endlich gehen sie hoch.

Sie hat Schüsseln aufgestellt unter der Stelle, an der der schmelzende Schnee hereintropft. Mit dem Blick tastet er Dachbalken ab, die schrägen Fensterluken, die Dämmwolle, die an manchen Stellen offen liegt, geht an den Schüsseln vorbei, immer weiter hinein ins Dachbodenschummer. Sie schaltet das Licht an.

»Danke«, sagt er abwesend und kurz darauf: »Hier dürfte es sein«, als er unter einer Stelle stehen bleibt, die ihr beliebig erscheint, die weit entfernt ist vom Schornstein und an der keine Nässe zu erkennen ist. Während er hinaus- und aufs Dach steigt, während sie ihn dort oben Ziegel abheben, Isolierschaum einspritzen und wieder neue Ziegel einsetzen hört, schaut sie den Inhalt einer Truhe durch, sitzt im Schneidersitz davor, findet einen mottenzerfressenen Schal, eine Schachtel mit alten Münzen aus mindestens neun Ländern, hört ihn schließlich langsam übers Dach gehen, das noch halbverschneit sein muss: erst rechts zur Straße hin, dann über den Giebel und auf der anderen Seite zurück. Langsame, sichere Schritte, regelmäßig. Manchmal hält er inne, dann hört sie das tönerne Klingen von Ziegeln, die hin- und hergerückt, die hochgehoben, wieder ineinander geschoben werden.

Wie geräumig es hier ist, denkt sie erstaunt und schaut sich um. Die Zimmer im ersten Stock benutzt sie nicht, und bis hier hoch kommt sie so gut wie nie – nur, wenn das Dach leckt, alle paar Jahre. Dann führt sie die Handwerker her, macht ihnen Licht, wartet in der Küche, bis sie nach getaner Arbeit wieder herunterkommen, ihr die Rechnung hinhalten oder sie per Post ankündigen und gehen. So ist es bis jetzt gewesen.

»Irgendwann wirst du das Dach neu decken lassen müssen«, sagt er. Sie schaut auf, als er die Luke eben wieder verschließt. »Das ist nur ein Provisorium, das sind«, er schlägt die Handflächen gegeneinander, wischt sie an der Hose ab, »schon die letzten drei Male nur Provisorien gewesen. Aber das weißt du sicher.«

»Sieh mal!« Anstelle einer Antwort, hält sie ihm auf der flachen Hand den Stein hin: klein, grau. »Ein Vogel«, sagt sie. »Den hab ich gefunden, als ich neun war.«

Weil er nur sie anschaut, nicht ihren Fund aus der Kiste, streckt sie den Vogel ein wenig weiter seiner Brust entgegen.

Er lacht, sieht jetzt auf ihre Hand. »Ein Vogel«, wiederholt er ihre Worte, nickt dazu. »Schön«, sagt er, streicht mit dem Finger über den Stein, streicht weiter über ihren Unterarm, zieht seine Hand zurück, als er an den Saum ihrer Jacke stößt, geht vor ihr die Stiege hinunter.

»Was kostet ein neu gedecktes Dach?« Sie stellt ihm eine Flasche Bier auf den Tisch.

»Rechne ich dir aus, wenn du willst«, bietet er an. »Ich schick dir einen Kostenvoranschlag.«

Sie sitzen am Tisch, wie sie vorhin im Windfang, wie sie eben auf dem Dachboden standen.

»Kann ich auch gleich machen«, murmelt er nach einer Weile.

Sie nickt, holt Papier, einen Stift, betrachtet ihn, während er Zahlen zu Türmen schichtet, Transportkosten und Arbeitsstunden überschlägt, Quadratmeterpreise multipliziert. Einmal läutet sein Telefon.

»Meine Frau«, erklärt er unaufgefordert, rechnet weiter, während er seine sich übermäßig in die Länge ziehende Abwesenheit nach Feierabend in die Muschel hinein rechtfertigt. An der Tür lächelt er nur kurz. »Bis morgen«, sagt er.

Und erst als sie, wie jede Nacht, den Vorhang im dunklen Wohnzimmer zur Seite schiebt, um einen letzten Blick in den Garten zu werfen, bevor sie schlafen geht, wundert sie sich, dass sie sich nicht im Geringsten darüber gewundert hat.

*

Er kommt gegen Abend. Weil sie noch in der Werkstatt sitzt, das Ohr nah an der surrenden Nähmaschine, hört sie sein Läuten erst beim zweiten Mal. Der Schnee ist geschmolzen. Sie schlupft in die Gummistiefel, zeigt ihm ihren Garten im Dämmerlicht. Die Brombeerhecke am hinteren Ende zum Wald hin, die Gemüsebeete rechts, abgeerntet bis auf den Chicorée, den sie mit Mulch und Tannenzweigen vor der Kälte schützt. Den kahlen Apfelbaum: knorrig, klein. Im Sommer trägt er hunderte saurer Früchte.

»Saftig«, sagt sie, »meine Lieblingssorte.«

Neben dem Teich auf der linken Seite bleiben sie eine Weile stehen, lauschen dem trockenen Rascheln des mannshohen Bambus.

»Dass der den Winter überlebt«, sagt er verwundert und legt, als sie die Jacke fester um sich zieht, einen Arm um ihre Schultern.

»Schön«, flüstert sie später auf dem Sofa und fährt mit den Fingerkuppen über das Tattoo auf seiner rechten Schulter. Zwei Mal läutet sein Telefon. Während der nächsten Wochen kommt er mal mittags, mal nach Feierabend. Ein einziges Mal klopft er an die Küchenscheibe, als sie gerade frühstückt.

»Bis nachher halte ich nicht durch«, erklärt er mit schräg gelegtem Kopf und einem Lächeln in den Augen. Er hat den Kunden angerufen, zu dem er gemusst hätte. Der erwartet ihn jetzt erst in zwei Stunden. Sie spazieren zum Bach, nehmen den Weg durch den Wald, sammeln Kienäpfel und runde Kastanien, dunkel von der Nässe des Schnees, der sie wochenlang bedeckt hat.

*

»Martha ist krank«, sagt er eigenartig zurückgenommen bei seinem nächsten Besuch. Sie stellt sich seine Frau vor, wie sie im Bett liegt. Fiebrig, mit einem Tuch um den Hals.

»Nele auch«, sagt er, und die zweijährige Nele taucht unter der Decke in Marthas Armen auf, quengelig und müde.

»Was ist mit Leon?«

»Dem geht's gut!« Samuel wirft ihr einen Blick zu, fröhlich mit einem Mal: »Macht heut einen Schulausflug in den Zoo.«

Der Abstand ist kaum spürbar, aber schmerzhaft. Sie gehen nah, wie immer, halten sich an den Händen dabei, sind heute im großen Tal mit den Mühlen unterwegs, sprechen wenig. Trotzdem fröstelt sie, betrachtet ihn von der Seite. Er lächelt. Hinter dem Lächeln entdeckt sie seine Trauer. Jetzt friert sie wirklich. Als er anfängt zu sprechen, auf der Eckbank in der Wirtschaft, scheint die Mittagssonne durchs Fenster.

»Martha und ich«, sagt er langsam, »wir sind ein gutes Team. Die Dinge laufen reibungslos. Wir streiten uns, tragen unsere kleinen Kämpfe aus, selten auch große. Aber nie vor den Kindern. Wir kennen uns gut, wissen, was wir durchsetzen können beim andern, was nicht. Das reicht für viel Zufriedenheit, vor allem für die Kinder. Es geht ihnen gut mit uns.«

Sie betrachtet sein Profil, während er spricht, abwesend Kitt oder Ton mit dem linken Daumen vom rechten kratzt. Sie bemüht sich, das Kalte, Bittere, das sich zwischen ihren Brüsten eingenistet hat, ins Fließen zu bringen, atmet regelmäßig, fährt mit dem Blick über seine immer ungekämmten Haare, benutzt sie als Erinnerungshilfe: daran, dass es zwischen ihnen nicht um Siegen oder Verlieren geht, und widersteht dem Bedürfnis, Argumente zu sammeln. Auch dem, ihn zu berühren.

»Und glücklich«, fragt sie, »bist du glücklich mit Martha?«

Er rührt im Kaffee, der inzwischen gekommen ist, und denkt eine Weile lang sehr ernsthaft nach. Endlich sieht er ihr in die Augen.

»Ich bin«, sagt er sehr klar und sehr ruhig, »nicht unglücklich mit ihr.«

Dann trinkt er einen Schluck und geht zur Toilette. Sie schafft es nicht, einfach zu gehen. Als er ein paar Minuten später wiederkommt, sagt er:

»Davon habe ich immer geträumt.« Unauffällig zeigt er mit dem Kinn in Richtung des Tisches neben ihnen. Ein Paar: Er trägt kräftige Koteletten, sie hat einzelne graue Strähnen im Haar. Und zwei Jugendliche. Der Junge neunzehn, denkt sie, das Mädchen vielleicht einundzwanzig. Die vier essen, unterhalten sich über einen vor drei Jahren auf einer griechischen Fähre verloren geglaubten, später im Auto wiedergefundenen Rucksack, lachen beständig über Einzelheiten, ergänzen die Erinnerungen der anderen.

»Von einer glücklichen Familie?« fragt sie tonlos, schaut weg vom Nachbartisch und jetzt wieder zu Samuel hin.

»Von einer Familie«, sagt er, »mal glücklich, mal unglücklich. Das gehört beides dazu.«

Sie weiß nicht, was sie sagen, nicht einmal, was sie denken soll. Und Samuel scheint alles gesagt zu haben, was er zu sagen hat. Wieder betrachtet sie die Menschen, die links von ihr sitzen, essen, lachen. Irgendwann lehnt sie sich zu ihnen hinüber.

»Sind das Ihre Kinder?« fragt sie.

Vier erstaunte Gesichter wenden sich ihr zu. Der Mann mit den Koteletten streicht sich über den Spitzbart. Freundlich, denkt sie, ein freundlicher Mann.

»Petra ist meine Tochter«, erklärt er, ohne zu fragen, warum sie das wissen will, »Josip der Sohn meiner Lebensgefährtin, Elke«, und zeigt, während er ihre Namen nennt, erst auf das Mädchen, dann auf den Jungen, schließlich auf die Frau mit den Strähnen.

»Danke.«

Sie greift nach ihrer Jacke und lehnt sich noch einmal in den Stuhl zurück. Sie betrachtet Samuel. Er streckt die linke Hand nach ihr aus. Sie schiebt den Stuhl zurück und geht.

*

Sie ist sich fast sicher, dass er wiederkommen wird. Einmal noch, vielleicht zwei oder sogar drei Mal. Was er entschieden hat, fällt ihm nicht leicht zu tun. Er hält eine ganze Woche durch, dann steht er vor ihrer Tür. Sie unterhalten sich über den Apfelbaum, der im nächsten Herbst dringend beschnitten werden muss, trinken Tee. Ihre Küche leuchtet, während sie dort sitzen und es vermeiden, sich anzusehen. Zwei Tage später klopft er ans Fenster der Werkstatt. Sie zeigt ihm den Baum, von dem bei seinem letzten Besuch die Rede war, zeigt ihm die Erdbeerbeete und den niedrigen Zaun, den sie um den Kompost herum gezimmert hat. Es fallen kaum Worte. Sie gehen nicht ins Haus.

Dann bleibt er aus, und sie kämpft gegen die Düsternis, die sich einstellt, wenn sie viel zu geschäftig durch die Tage eilt, länger mit Kundinnen plaudert als sonst, bis tief in die Nacht hinein arbeitet, das Aufwachen fürchtet. Schließlich gibt sie auf, setzt sich, lässt die Hände schlaff im Schoß liegen, lehnt sich zurück ins Sofa und wehrt sich nicht mehr.

Gegen vier in der Früh steigt sie hoch in den ersten Stock, macht Licht, schaut sich um im breiten Flur. Als erstes Gerds Büro, beschließt sie und wundert sich, beim Öffnen der Tür, darüber, dass sie es immer noch so nennt. An der sonst ganz leeren Wand das Foto aus ihrem ersten gemeinsamen Sommer. Sie nimmt es ab: ein flaches, aquamarinfarbenes Meer. Darüber, sieben Achtel des rechteckigen Hintergrunds einnehmend, nichts als Himmel. Gerd, wie er, ganz links und gerade noch so mit halbem Kopf sichtbar, in die Kamera grinst und ihren in die Luft gestreckten Fuß in der Hand hält wie eine Trophäe. Sie dreht das Bild um. Auf seiner Rückseite steht ein einziges Wort: Entschuldige.

Die Briefe der Anwälte, die Anrufe der Firmen kamen nach und nach. Er hatte Geld veruntreut, viel Geld, und war verschwunden. Sie hatte sofort gewusst, dass es endgültig war. Der Schreibtisch unangerührt. Der Stapel Briefe noch genauso wie an dem Tag, als sie den letzten obenauf gelegt hat. Der alte Rechner, den die Kripo irgendwann wiedergebracht hat, der Monitor, die Tastatur verstaubt. Der Drehstuhl vorm Schreibtisch halb zur Seite geschoben. In den Regalen rechts Fachbücher. Links das Sofa, auf dem er mittags sein Schläfchen hielt. Selbst die drei Zierfarne hocken noch vorm Fenster, vertrocknet. Einer ist fast zu Staub zerfallen. Sie lässt die Tür offen stehen, als sie wieder hinausgeht. Gegenüber die beiden Zimmer, die auf dem Grundriss mit *Kind 1* und *Kind 2* markiert gewesen waren. Wie eine Art Lagerraum, der auf nichts Bestimmtes wartet, beherbergt das linke ein paar alte Aktenordner voll vergilbter Papiere. Gerd hat sie dort übereinandergestapelt. Sonst nichts: blanke Wände, keine Auslegware auf den alten Dielen. Und das rechte ist leer wie am Tag ihres Einzugs.

Vor dem Schlafzimmer bleibt sie kurz stehen, aber sie fürchtet sich nicht mehr. Das Bett ist ordentlich gemacht, die grob gewebte Überdecke verblichen. An den Wänden zwei Fotokalender mit Bildern von Korsika. Vorm Fenster der Schaukelstuhl. Links daneben der große Spiegel. Sie hat auf ihn eingeschlagen damals, immer wieder, mit beiden Fäusten. Er ging nicht in Stücke, trägt seitdem nur einen Riss in der Mitte. Der Teppich unter ihren Füßen voller Staub, aber flauschig wie neu.

71

*

Sie schläft lang, spürt Samuels Abwesenheit im Traum, im Wachen, geht ab jetzt ihr Tagewerk langsamer an, um sie nicht zu überdecken und damit sie sich auflösen oder zumindest verwandeln kann in etwas Neues. In Leichtigkeit hofft sie oder vielleicht in Gleichgültigkeit. Aber die Vorstellung lässt sie nur wieder düster werden. Leichtigkeit, beschließt sie, hoffen wir auf Leichtigkeit, und beginnt, die Papiere aus den Aktenordnern in große Plastiksäcke zu versenken, ohne sie durchzusehen. Sie braucht fast vier Tage, um alles in Tüten und Kisten zu verstauen, hinunterzutragen, zur Deponie zu fahren. Dann bestellt sie den Sperrmüll. Schließlich gibt es im ersten Stock ihres Hauses nur noch leere Räume: Dielen, Decken, Wände, Fenster und Türen, sonst nichts.

Als der Apfelbaum die ersten Blüten trägt, ist sie fertig mit den Streicharbeiten. Was früher Gerds Büro war, ist jetzt ein Raum mit blauen Wänden. Sie weiß nicht, warum sie diese Farbe gewählt hat, eine seltsame Farbe für Zimmerwände, aber sie ist es zufrieden. Die anderen Räume hat sie weiß gestrichen. Der Schreiner hat Türen und Böden abgezogen. Er hat das Haus mit dem Duft von Zitrusölen und Hartwachs gefüllt.

Draußen hört sie die Handwerker rufen. Sie lachen in der prallen Sonne, turnen mit nackten Oberkörpern auf ihrem Dach herum, brauchen nur zwei Tage für ihre Arbeit. Sie schneidet Stoff zurecht, schiebt Samuels Gesicht sachte zur Seite, wenn es zwischen ihr und ihren Händen auftaucht, schiebt das Ziehen in der Körpermitte hinterher. Es hat sich verwandelt, ist nur mehr ein feines, pulsierendes Fädchen. Kurz nach halb fünf sitzen die beiden Männer in ihrer Küche, lassen sich die Vesper schmecken, trinken jeder zwei Bier und verbreiten eine warme Aura aus Schweiß, Müdigkeit, Tabakrauch und entspannter Unterhaltung, bevor sie in den Feierabend verschwinden.

Den Sommer über richtet sie in Gedanken die Zimmer im ersten Stock immer wieder neu ein. Es fällt ihr schwer, sich Klarheit zu verschaffen: darüber, wie sie jedes von ihnen nutzen wird, darüber, was das eine, was das andere beherbergen soll. Sie könnte ihr Schlafzimmer nach oben verlegen, die ebenerdige Werkstatt vergrößern. Ein Gästezimmer könnte sie einrichten für Freunde, die zu Besuch kommen, oder ein Zimmer an Urlauber vermieten. Viele in der Gegend verdienen sich ein Zubrot mit so einem Nebengewerbe.

Im Herbst beschneidet sie den Apfelbaum, betrachtet die Fenster im ersten Stock. Die Räume dahinter stehen immer noch leer. Vom Teich her hört sie die Kröte und sieht aus dem Augenwinkel eine Bewegung vorn am Zaun. Sie zieht die Brauen hoch in die Stirn. Gerd?

Er wirkt verändert, trägt einen Bart, eine Sonnenbrille, ist braungebrannt. Nur sein Lächeln ist ihr immer noch so vertraut, als hätte sie ihn gestern zum letzten Mal gesehen.

»Willst du mich nicht reinbitten?« fragt er, nachdem sie eine Viertelstunde vorm Haus Belanglosigkeiten ausgetauscht haben, als sei nie etwas vorgefallen, immer den Zaun zwischen sich. Die Angeln der niedrigen Pforte geben ihm quietschend den Weg frei. Er hat jamaikanischen Rum mitgebracht. Sie öffnet eine Flasche Wein vom Winzer aus dem Nachbardorf.

»Sorgst du dich nicht wegen der Polizei?«

Er grinst, zuckt lässig mit den Schultern.

»Ich heiße jetzt Steven Hardings«, klärt er sie auf, »die können mir nichts«, und erzählt von seinem neuen Leben in Kingston. »Mein Englisch ist richtig gut geworden«, sagt er, nippt am Wein, verzieht das Gesicht im Scherz.

»Und du?« will er wissen. »Wie ist es dir ergangen in den letzten sechs Jahren?«

»Ich hab das Dach neu decken lassen«, murmelt sie.

»Gut«, er zieht die Brauen in die Stirn. »Das hätten wir gleich tun sollen, gleich beim Einzug.« Endlich nimmt er die Brille ab, schaut ihr in die Augen. Sie meint, einen Hauch Wehmut in seinem Blick zu entdecken und schüttelt ungläubig den Kopf.

»Meine Sachen ...«, fängt er irgendwann an, lässt den Satz dann unbeendet.

»Komm«, sagt sie, winkt ihn die Treppe hoch und zeigt ihm das blaue Zimmer. Zeigt ihm die anderen drei. Er schweigt. Während er sich umsieht, läuft sie hinunter zur Haustür und öffnet sie.

»Kein neuer Mann?« fragt er, als er schließlich dort auftaucht.

Sie schaut ihn lang an. »Doch«, sagt sie endlich, »doch es gibt einen neuen Mann.«

»Und?« Eine Mischung aus Neugier und Spannung in seinem Blick: »Wo ist er?«

»Bei seinen Kindern, ein paar Straßen weiter«, antwortet sie.

Gerd sieht die Straße hinunter.

»Nein, da lang«, sie zeigt in die andere Richtung.

»Bei seinen Kindern«, murmelt er.

Sie nickt. »Nele«, sagt sie, »und Leon.«

*

Zwischen den Jahren steht sie vorn am Zaun und betrachtet verwundert die kleine Pforte. Immer wieder hat sie vergessen, die Scharniere zu ölen. Dann sieht sie nach rechts und schaut der Sonne zu, wie sie blassrot in Grau verschwindet hinter den Lärchen im Nachbargarten und schrickt zusammen.

»Hallo!« ruft eine hohe, dünne Stimme hinter ihr.

»Leon«, sagt sie erstaunt, betrachtet den Sieben- oder Achtjährigen, seine graugrünen Augen, seine schulterlangen Locken, wie er an Samuels Hand auf dem Gehweg steht, schaut Nele an, die auf der Hüfte ihres Vaters sitzt, den Kopf an seiner Brust, die schläft.

»Leon hat mich gerade gefragt, ob du wohl Kakao im Haus hast«, sagt Samuel.

»Kakao«, murmelt sie und muss das Türchen nicht öffnen, weil Leon es eben energisch aufschiebt, neben ihr steht jetzt, zu ihr hochsieht.

»Hast du?«, fragt er.

»Kakao hab ich immer da«, antwortet sie und geht voraus, die zwei kleinen Stufen hoch in ihr Haus.

»Schuhe ausziehen?«, fragt Leon.

»Ja«, hört sie Samuel sagen, »Schuhe ausziehen.«

ÜBERS SÜDKREUZ UND ZURÜCK

Die Finsternis ist vollkommen. Nahid schlägt die Augen auf, weil man das tut, wenn man erwacht. Sie hätte sie ebenso gut geschlossen lassen können. Selbst bei Tage ist es hier dunkel. Nachts aber gibt es keinen Ort, den die Augen eines sehenden Menschen weniger durchdringen könnten. Nahid horcht in das Atmen der Schlafenden, tastet mit dem Gehör den Raum ab und spürt, dass jemand fehlt.

Jeden Abend, wenn sie sich schlafen legt, sagt sie ihrem Körper, wann sie wieder wach sein muss. Sie sagt es, als sei da jemand, der sie hörte, als gäbe es in ihrem Innern eine Instanz, bei der man einen Weckruf bestellt. Sie murmelt es vor sich hin, als redete sie leise zu einer Person, die neben ihr steht. Gestern Nacht sagte sie: »Drei Uhr.« Das ist eine gute Stunde früher als sonst. Drei Uhr hat sie entschieden, weil sie mit Ärger rechnete, nichts Konkretes, nichts Begründetes. Es war nur ein Gefühl. Eines dieser Gefühle, die sie manchmal hat, eine diffuse Ahnung.

Nahid nimmt solche Dinge ernst, auch wenn sie dafür belächelt wird. Sie richtet sich immer danach. So wie sie weiß, dass ihre Ahnungen von Bedeutung sind, weiß sie, dass auf ihren Körper Verlass ist, und als sie die Augen aufschlägt, weiß sie, dass es drei Uhr morgens ist, vielleicht zwei Minuten früher oder später.

Neben sich hört sie Mahmuds leises Schnarchen, als verfinge sich eine leichte Sommerbrise in seinem üppigen, graumelierten Schnurrbart und zöge einzelne Haare wie Seidenfäden entlang seiner Zähne.

Nahid muss lächeln. Seidenfäden, Sommerbrise. Dabei sind seine Barthaare borstig wie Besenreisig und vergilbt vom Rauchen, wie auch die wenigen Zähne, die ihm noch geblieben sind, die immer fauliger riechen und jedes Mal schmerzen, wenn er auf ein nicht gut gedämpftes Reiskorn beißt.

Sie küssen sich schon lang nicht mehr. Wenn sie sich lieben, hat es eher mit Trost zu tun als mit Begehren. Aber es ist ein warmer Trost, ein verlässlicher, ein Akt des Haltens und Gehaltenwerdens. Und natürlich hängt es von Gelegenheiten ab, denn wann sind sie schon allein?

Dicht an ihren Füßen spürt sie, wie eines der Kleinen sich um die eigene Achse dreht, dabei seufzt und sich gleich wieder tief in Schlaf hinein entspannt. Links, im Abstand von einem Meter, müssen Mariam und Schahram liegen. Die beiden spürt sie nicht mehr deutlich, sie sind schon zu erwachsen.

Wie die Nähe nachlässt mit der Zeit, denkt sie, ohne sich zu wundern. Sie nimmt es hin, wie fast alles andere im Leben, von dem sie weiß, dass sie es nicht ändern kann.

Jemand ist nicht im Raum, und es ist keines ihrer jüngeren Kinder. Vielleicht ist Schahram zu einem nächtlichen Streifzug mit Freunden aufgebrochen. Sie weichen der Polizei geschickt aus und machen sich einen Spaß daraus, ihr Leben zu riskieren, als sei es nichts wert. Die schmutzigen, halblegalen Bordelle, die sie aufsuchen. Die zwei oder drei Stunden, für die sie sich mit einer Hure verheiraten, damit alles seine Ordnung hat. Das, denkt Nahid und schüttelt sich, hat der Prophet nicht gemeint, als er von der Zeitehe sprach.

Schahrams Streifzüge sind ihr verhasst, aber sie kann sie nicht verhindern. Sie zankt sich nicht mit ihm. Sie äußert sich nicht dazu. Nur einmal hat sie ihn beiseite genommen, still in einer Ecke, und hat zu ihm gesagt, dass er in die Moschee gehen und sich waschen soll, wenn er heimkommt von diesen Orten. Sein Gesicht lief rot an, und einen Moment lang war sie sich nicht sicher, ob er wütend war oder peinlich berührt. Dann drehte er sich ruckartig um, stürmte aus der Höhle und blieb drei Tage lang verschwunden. Seitdem kommt er immer frisch gewaschen zurück.

Vielleicht ist es auch Mariam, die fehlt. Sie verschwindet häufig zu konspirativen Treffen. In Nahids Wortschatz ist das eine neue Vokabel: konspirativ. Sie versteht, warum sich Mariams Leute im Geheimen treffen. Sie planen gefährliche Dinge. Sie wollen einen Umsturz anzetteln und eine neue Ordnung schaffen, von der Nahid nicht glaubt, dass sie besser werden wird als die jetzige. Mariam aber ist fest davon überzeugt. Sie hält lange Reden über Gerechtigkeit, über ein Recht auf Bildung für alle, über die Gleichberechtigung der Frauen, was auch immer das sein mag, und sie liest Bücher. Persische Bücher, arabische und einmal sogar ein englisches. Nahid kann nicht lesen, weder Persisch noch eine andere Sprache. Aber erst vor Kurzem hat sie sich von Mariam das Zahlenschreiben beibringen lassen – zu deren Erstaunen nicht nur in persischer Schrift, sondern auch in lateinischer. Nahid hat es verbissen geübt und beherrscht jetzt die Zahlen von eins bis einunddreißig in beiden Versionen fehlerfrei. Für Buchstaben hat sie sich nicht erwärmen können. Mariam erzählt ihr immer, was für ein Buch sie gerade studiert, woher sie es hat und worum es darin geht. Nahid begreift nicht, was an ihnen so wichtig ist. Sie scheinen sich alle zu ähneln. Es sind Bücher der Wut. Gedanken über Geld, über Erdöl und über die Geschichte der Völker. Nahid ist stolz darauf, dass Mariam nicht nur lesen kann, sondern auch mehrere Sprachen spricht, dass sie so klug ist und viele wichtige Leute kennt. Aber manchmal wäre es ihr doch lieber, ihre Tochter suchte sich eine Arbeit, die sich nicht erst übermorgen und nicht nur hoffentlich bezahlt machen würde.

Sie hätte bei einer von Frau Beckers Freundinnen arbeiten können, die dringend eine zuverlässige Putzfrau suchte. Beim Kaffeeklatsch der deutschen Damen sprach eine der Anwesenden spaßeshalber Persisch. Es war das holprige, kehlige Persisch, das Nahid von ihren früheren Arbeitgeberinnen kannte. Frau Becker ist eine Ausnahme. Sie spricht mit einem harten Akzent, aber sie tut es fließend und fast fehlerfrei. Nahid weiß Frau Beckers gutes Persisch zu schätzen, es vereinfacht vieles.

»Khanum«, hat sie später zu ihr gesagt, »Khanum, ich wüsste ein gutes Mädchen für Ihre Freundin, wenn sie jemanden zum Putzen sucht.«

Frau Becker hörte nicht zu. Sie war gelangweilt von dem Nachmittag mit den anderen Damen, träge vom vielen Kuchen und leicht übersäuert von den drei Tassen Kaffee. Außerdem war es ungewöhnlich heiß und die Klimaanlage war ausgefallen. An einem solchen Tag war nichts zu machen. Frau Becker würde sie nicht wahrnehmen. Wenn Nahid Glück hatte, würde sie daran denken, ihr die zweiunddreißig Toman hinzulegen, die sie an den fünf Arbeitstagen dieser Woche verdient hat. Also sagte sie nichts weiter und brach abends, das Geld dankbar in einem Beutel zwischen ihren Brüsten verwahrt, nach Süden auf.

In der nächsten Woche fragte sie Frau Becker noch einmal und kam abends triumphierend mit der Nachricht nach Hause, dass ihre Tochter schon in ein paar Tagen bei Frau Marquardt Probe putzen dürfe. Mariam starrte sie an mit Augen so groß wie die Scheinwerfer der Panzer, die neuerdings ständig durch die Straßen der Armenviertel rollten. Sie sagte ein paar garstige Dinge, an die sich Nahid nicht mehr erinnert, und verschwand: zwei Bücher unter dem Arm.

Eigentlich hat Nahid es schon lange aufgegeben, sich in die Angelegenheiten ihrer beiden Ältesten einzumischen. Sie sind fünfzehn und sechzehn. Sie sind erwachsen. Manchmal bringen sie Essen mit, manchmal ein wenig Geld. Manchmal bleiben sie tagelang fort. Nahid hat keine Kraft übrig, sich Sorgen um sie zu machen. Wenn es Essen gibt, bekommen alle, die da sind, ihren Teil. Gibt es keines, bekommen sie ihren Teil vom Hunger. Das gilt für die Kleinen wie für die Großen, für Putzfrauen wie für Revolutionäre.

Schließlich schlägt Nahid die drei dünnen, löchrigen Decken zurück, unter denen sie und Mahmud liegen. Sie rollt sich zur Seite auf die kalte Erde, legt zwei der Decken dicht an Mahmuds Körper und breitet eine blind über die Kinder. Mit einem Handgriff nimmt sie den Tschador vom Flickenteppich, auf dem sie gelegen hat, und stopft ihn sich zusammengeknüllt unter die linke Achsel. Sie hat in den einzigen Kleidern geschlafen, die sie besitzt, und geht, ohne etwas anzurühren, die vier Schritte durchs Dunkel bis vor zu der dünnen Plane. Der Stoff schattet die Höhle notdürftig vor den Oktoberwinden ab, die von Zeit zu Zeit schon Winterzähne fletschen. Bevor sie ihn anhebt, lauscht Nahid noch einmal in den niedrigen Raum hinter sich: leise Atemgeräusche, das raschelnde Huschen eines kleinen Nagetiers irgendwo von links und die Abwesenheit eines ihrer älteren Kinder. Sie schiebt sich durch einen Spalt zwischen dem modrigen Erdreich und der Plane ins Freie, in den Dunst von Teer, Urin, Abfällen und brackigen, fauligen Pfützen.

Draußen reckt sie sich, horcht auf das leise Knacken einzelner Knochen, das ein Gefühl der Entspannung durch ihren Rücken schickt. Sie zieht den Tschador über den Kopf, zieht zwei seiner Enden vom Rücken her untern den Achseln durch und verknotet sie vor den Brüsten, damit sie die Hände frei hat, und sieht sich um. Sehr weit oben funkeln Sterne an einem blitzblanken Himmel. Sie funkeln, denn es ist Neumond, und niemand macht ihnen ihren Glanz streitig. Nahid schiebt ihren Blick in der Tiefe der Nacht einmal von links nach rechts durch den schmalen Erdschacht, auf dessen Grund sie steht. Er erstreckt sich entlang der äußersten Südgrenze der Stadt. Alle paar Meter verdunkeln sich die etwas mehr als mannshohen Wände zu Vertiefungen, die abgedeckt sind durch Planen, wie bei ihnen, durch Holzlatten, wie bei Puran und Hossein gegenüber, oder die einfach wie aufgerissene Münder offenstehen, wenn die Bewohner noch nichts auftreiben konnten, um der Kälte und Nässe in den Nächten den Zutritt zu erschweren. Immer wieder ist eine verschüttete Höhle dazwischen, deren Decke eingestürzt ist, weil ein Auto zu nah an den Schacht herangefahren ist oder weil die Bewohner zu unvorsichtig waren und den Raum nach oben vergrößern wollten. Viele gewöhnen sich nur langsam und nur schlecht an die höchstens einen Meter sechzig Wohnhöhe, die die Höhlen zu bieten haben.

Nahid seufzt leise, ihre Schritte sind langsam, ihre Knochen schmerzen vom Rheuma, ihre Augen scheinen ein Sammelbecken für scharfkantige Sandkörner zu sein, und die verfluchte Schwangerschaft macht ihren Körper jetzt schon schwerer, als sie ertragen kann. Sie tastet nach dem Beutel mit dem letzten Kleingeld für die Fahrten und sieht sich auf dem Nachtboden nach einem Stock um, auf den sie sich stützen könnte: Kanister, aufgeweichte Pappe, Kothaufen, ein zerfetztes Puppenbein, alles Mögliche. Nirgends ein Stock. Als Nahid wieder hochschaut, fällt ihr Blick auf sie:

Mariam steht an den von vielen Füßen in die Erde getretenen Stufen, die im Umkreis von einem Kilometer den einzigen Aufstieg aus dem Graben bilden. Schon von ferne erkennt Nahid die kämpferische Haltung, die ihre Älteste eingenommen hat. Der Tschador ist fest um ihren schmalen Körper gewickelt und wirkt eher wie eine Uniform. Auch sie hat die Stoffenden hinter den Schultern entlanggeführt und vor den Brüsten zusammengeknotet. Die Fäuste hat sie in die Hüften gestemmt, die Beine leicht gespreizt. Es würde gut ins Bild passen, wenn sie quer vor dem Körper ein Maschinengewehr trüge.

Ach Schatz, denkt Nahid, senkt den Kopf wieder und läuft unbeirrt, aber angestrengt und ohne Freude weiter, bis sie vor ihrem Kind steht, zu dem sie aufsehen muss, weil es fast zehn Zentimeter größer ist als sie selbst.

»Sie gehen jetzt zurück«, zischt Mariam ihre Mutter an, als sie in Hörweite kommt. »Sie gehen jetzt sofort zurück!«

Nahid hebt die Hand und streicht Mariam über die seidenweiche Haut, die duftet wie die üppige Erde unter dem alten Olivenbaum in dem Dorf aus einer anderen Welt, in dem sie selbst vor einunddreißig Jahren geboren wurde.

»Was tust du hier, Liebling?« flüstert sie. »Es ist Viertel nach drei in der Frühe, und du solltest schlafen, mein Herz.«

»Mutter, Sie gehen jetzt zurück nach Hause, und ich werde Sie begleiten. Dieser Unfug muss aufhören. Kommen Sie«, Mariam greift nach dem Ellbogen der Älteren.

Nahid lächelt. »Du tust mir weh, Schatz. Du tust deiner Mutter weh, die dich geboren hat, und stellst dich ihr in den Weg. Sei so gut, mach mein Leben nicht schwerer, betrübe mein Herz nicht und leg dich wieder schlafen.«

»Diesmal nicht!« Mariam ist fest entschlossen und stellt sich energisch vor den Aufstieg. »Sie hat Ihnen gekündigt, die alte Ratte. Sie hat Sie rausgeschmissen. Ohne Grund, ohne irgendeinen Grund hat sie Sie vor die Tür gesetzt, die Hure, und Sie wollen wieder zu ihr? Sie wird Ihre Arbeit nicht bezahlen, sie wird Sie nur wieder erniedrigen. Vielleicht wird sie Sie noch nicht einmal ins Haus lassen. Nein. Nein, nein! Heute Nacht bleiben Sie hier, und wenn ich Sie zwingen muss. Diese Europäer müssen raus aus unserem Land! Während wir hungern, leben sie in Palästen. Während wir ihre Böden schrubben, trinken sie Eiskaffee und haben Migräne.«

Nahid verliert sich unter dem Schatten der Nacht im Leuchten der schwarzen Augäpfel ihrer Tochter. Einen Moment lang sieht sie ihr Mädchen vor sich, wie sie war, als sie gerade zu krabbeln begann, als sie anfing zu sprechen, als sie die ersten Zähne verlor. Einen Moment lang wünscht sie sich, sie könnte die Zeit zurückdrehen und müsste nicht mit dieser wutentbrannten, unverständigen jungen Frau sprechen, die sich vor ihr aufbaut.

»Kind, du weißt, ich bin nicht so klug wie du«, sagt sie leise. In meinem ganzen Leben habe ich kein Buch gelesen. Ich verstehe die Welt nicht und kenne niemanden von Einfluss. Selbst die Heilige Schrift, möge Gott mir vergeben, kenne ich nicht, wie ich ihn kennen sollte. Du weißt auch, dass ich niemals etwas sagen will, was dir Schmerzen bereitet, weil du mein Kind bist, das aus meinem Schoß in diese Welt gekommen ist. Jetzt aber muss ich dich daran erinnern, dass *du* mit deinen Leuten Bücher liest, während *ich* die Böden der Europäer schrubbe. Also vielleicht magst du zur Seite treten und deine alte Mutter tun lassen, was sie beschlossen hat zu tun.«

Mariam zuckt zusammen und ist still.

Nahid nutzt die Pause: »So wie deine Mutter«, fährt sie fort, »dich tun lässt, was du beschlossen hast zu tun.« Wieder streicht sie ihrer Tochter mit dem Handrücken über die Wange, schiebt sie dann sachte zur Seite und beginnt, ihren müden Körper die sogenannte Treppe hinaufzuhieven.

»Wissen Sie, warum die Becker Sie rausgeschmissen hat, Mutter? Wissen Sie es?« Mariam wartet nicht auf eine Antwort. Langsam, drängend geht sie dicht hinter Nahid die Stufen hoch, den Oberkörper nach vorn gebeugt, den Mund nah am rechten Ohr ihrer Mutter. »Weil sie eine neue Mode haben. Die deutschen Frauen, auch die französischen und mit Sicherheit die amerikanischen. Sie stellen jetzt lieber junge Männer aus Sri Lanka ein. Schmale, feingliedrige, samthäutige, duftende Ceylonesen, die mit ihren geschickten Fingern garantiert nicht nur verstaubte Ecken hinter Schränken befingern.«

»Mariam«, sagt Nahid und lässt mit ihrem Ärger eine scharfkantige Farbe in ihre Stimme fließen, »rede nicht so liederliches Zeug in Anwesenheit deiner Mutter. Geh und sieh nach den Kleinen. Nastaran wird krank. Lauf zum Brunnen. Wenn du dich beeilst, schaffst du es vielleicht in zwanzig Minuten und bevor die Schlange endlos lang ist. Geh gleich los, gleich jetzt, wenn du schon einmal wach bist. Vielleicht kannst du irgendwo eine halbe Zitrone auftreiben. Geh zu Puran und sieh, ob sie Holz für Feuer haben. Wenn sie dich lässt, mach eine Tasse Wasser heiß und gib es deiner Schwester mit etwas Zitrone. Ich mache mir Sorgen, dass sie wieder fiebert. Kümmre dich um sie, verstehst du, und lass mich jetzt in Frieden, bis wir uns, wenn Gott will, heute Abend wiedersehen.«

Nahid kommt am oberen Ende des Aufstiegs an, betritt die staubige Straße, die voller Geröll und Unrat ist, und keucht leise vor Anstrengung. Sie horcht auf die Schritte ihrer Tochter, die erst ausbleiben, dann wieder einsetzen, langsam, sich in der Tiefe verlieren, und sieht schließlich Mariams Silhouette mit den Schatten des Grabens verschmelzen, Richtung Höhle fließen, Richtung Nastaran, die fünf Jahre alt ist und vielleicht schon im Fieber liegt. Nastaran, deren Stirn sie nicht berührt hat heute Morgen, aus Furcht, sie würde die Kraft nicht aufbringen, das Kind allein zu lassen.

Nahid knotet den Tschador auf und legt ihn sich eng ums Gesicht, denn neuerdings schauen manche Männer, sogar Frauen von Zeit zu Zeit, seltsam und feindselig, wenn man ihn trägt, wie es Sinn macht, ihn zu tragen. Als sei der Tschador nicht mehr das Kleidungsstück, das er in ihrem Leben war, solange sie denken kann. Sie hat den Eindruck, als sei er jetzt mehr, ein Symbol vielleicht, eine Art Erkennungszeichen. Sie will nichts riskieren. Sie kreuzt die Ausfallstraße, so schnell sie kann, und sucht auf der anderen Seite ihren Weg nach Norden. Wenn irgendwo Stimmen laut werden, weicht sie aus. Wenn sie Schritte hört, duckt sie sich hinter eines der verrosteten Autowracks, die hier überall herumstehen, ausgeweidet und leergeraubt. Nahid denkt an ihre kranke Tochter, verscheucht aber das Bild des anderen Kindes, das sich darüberlegt, nicht. Sie geht langsam, Schritt für Schritt, und achtet darauf, regelmäßig zu atmen, um das Seitenstechen in den Griff zu bekommen.

Peter, denkt sie. Peter ist ein eigenartiger Name. Er klingt hart und irgendwie zu kurz. Als sei es der Name für ein Tier, nicht der für einen Menschen, einen geliebten Menschen, ein eigenes Kind. Nahid hat Peters Namen von Anfang an verändert. Manchmal ruft sie ihn Pedardjun, Väterchen, was lustig ist, weil Peter erst sieben ist. Aber es klingt weicher und wärmer und trotz der falschen Bedeutung eher nach Kind als nach Hund oder Katze. Oder sie sagt einfach Pedi zu ihm. Es ist ohnehin nicht wichtig, wie sie ihn ruft. Wann immer sie mit ihm spricht, sieht er zu ihr hoch und dieses Leuchten erscheint in seinem kleinen, blassen Gesicht.

Um Viertel vor fünf hat sie es bis zum großen Südkreuz geschafft, wo auf einem riesigen Platz der Morgenverkehr gerade zu stoßen, toben und dröhnen beginnt. Nahid geht durch die Trauben von Menschen, die sich um die kleinen orangefarbenen Taxis sammeln und darüber verhandeln, welcher Wagen zu welchem Preis mit wie vielen Fahrgästen in welche Richtung fahren wird. Sie schiebt sich vor bis zu Madjids zwei kleinen, tragbaren Petroleumöfen, die um diese Zeit immer schon dampfenden Tee und gekochte Maiskolben für die Passanten bereithalten. Madjid sieht sie kommen und lächelt sein breites, zahnloses Lächeln. Als sie vor ihm steht, sagt er leise:

»Nahid, Nahidjun, du faltige Zierde des Morgens, was tätest du nur, wenn wir damals, als du noch die sanften Augen eines Rehs hattest und ich noch die Stärke eines mächtigen Hirsches, was tätest du nur heute, wenn wir nicht damals all diese verbotenen Spiele getrieben hätten? Was täte dein hungriger Magen, wenn ich dich nicht immer noch liebte, obwohl du alt und hässlich geworden bist. Was tätest du nur, wenn ich nicht immer noch fühlte, wie meine Stärke sich aufrichtet bei deinem Anblick, weil er mich erinnert an eine Zeit, als die Welt noch vor uns lag. Was tätest du nur, meine Tulpe, meine Blüte von Jasmin?« Dann bricht er in lautes Gelächter aus und füllt ein Glas Tee für Nahid.

Die sieht ihn an, schmunzelt, schweigt, trinkt einen Schluck und sieht zu, wie Madjid ihr einen Kolben Mais aus dem Salzwasser fischt.

»Was ich täte, du Hurensohn? Was ich täte? Ich würde einfach zu Rostam gehen oder zu Reza, vielleicht auch zu Huschang, wer weiß. Denkst du, du bist der einzige Hirsch, der heute mit abgestoßenem Geweih am Straßenrand gammligen Mais verkauft? Denkst du, du warst der einzige Hirsch, der meine Milch trinken durfte? Dummkopf, du kennst die Welt noch immer nicht.« Sie hockt sich neben ihn auf den Gehsteig und nimmt mit einem Nicken das Stück Pappe mit dem Mais entgegen, das Madjid ihr reicht.

»Wie geht's Mahmud? Ist sein Bein abgeheilt?«, fragt er, immer noch lächelnd, und sieht auf die Steinplatten zwischen seinen mageren Knien.

»Wie soll's ihm gehen? Er hat Schmerzen. Er ist träge geworden, trinkt zu viel. Das schafft er immer noch, Fusel auftreiben oder Opium. Nur Arbeit schafft er keine heran. Aber sein Bein heilt langsam ab, Gott sei Dank. Und du? Was ist mit dem Loch in eurem Dach? Hast du es endlich geflickt?«

Madjid sieht sie schräg von der Seite an. »Was du dir alles merkst. Das Loch im Dach. Ja, es ist geflickt. Aber ich war's nicht. Tahere und Afsaneh haben es in Ordnung gebracht.«

Nahid schaut belustigt zu ihm hin.

»Sie waren wütend auf mich, weil ich mich so lange nicht darum gekümmert habe. Es regnet noch nicht, und bis der Schnee kommt, dauert es noch Wochen. Wen stört da, bitte schön, ein Loch im Dach? Ich versteh die Weiber nicht. Sie sind einfach zu euch runter in den Dreck gefahren und haben so lange rumgesucht, bis sie Zeug aufgetrieben haben. Möchte nicht wissen, was sie dafür tun mussten. Habe auch nicht danach gefragt, da kannst du aber sicher sein.« Madjid spuckt halb seitwärts, halb rückwärts zwischen die Füße von Leuten, die hinter ihnen entlanghasten. »Schande haben sie über mich gebracht. Zwei Frauen, die auf dem wackligen Dach unserer Hütte rumturnen und das Loch da flicken. Alle haben mich ausgelacht. Ich schwöre dir, ich lass nie wieder ein Loch ohne Aufsicht zurück.«

Nahid stemmt sich mit den Händen auf den Knien ab und drückt sich ächzend hoch. »Du bist dumm, Madjid«, sagt sie lächelnd, »das warst du schon immer. Nur der Allmächtige weiß, warum er dich so geschaffen hat. Möge er dir noch ein langes Leben schenken und deiner Familie große Geduld.«

»Ja ...«, grinst Madjid sie von unten her an, während er ihr leeres Teeglas in eine Schüssel mit grauem Wasser neben sich tunkt. »Ja. Möge er mir ein langes Leben schenken, damit du vor der Arbeit immer einen guten Tee in den Bauch bekommst. Ja, ja. Das wünsch ich dir auch!«

Nahid lacht und geht hinüber zum Gewühle bei den Taxis. Da hört sie ihn hinter sich herrufen: »Sag mal, wo fährst du eigentlich hin? Ich denk, die Deutsche hat dir gekündigt?«

»Hat sie, ja. Das hat sie getan. Aber ich muss noch mal zu ihr. Ich muss da noch was erledigen.« Nahid winkt und weiß, dass Madjid ihre Worte wahrscheinlich nicht mehr gehört hat.

Zwanzig Minuten später sitzt sie mit drei anderen Fahrgästen auf der Rückbank eines zerbeulten Peykan, Gott sei Dank, am Rande, und reist weiter Richtung Norden. Zweimal muss sie noch umsteigen. Erst in ein zweites Taxi, dann in den Bus, der bis hoch nach Niavaran fährt, in das Stadtviertel, in dem der Palast steht und die Reichen wohnen, in dem die Luft rein ist. Dorthin, wo die Pracht der Berge so nah ist, dass es einem den Atem verschlägt. Wo ihre Macht so spürbar ist, dass Nahid sich am liebsten jedes Mal vor ihnen verneigen, auf den Boden werfen und die Erde küssen will, auf die morgens in der Früh ihr erhabener Schatten fällt.

Wenn Gott einen Thron hätte, denkt sie ein ums andre Mal, ich bin sicher, es wären diese Berge. Er würde dort oben sitzen im Glanz des ewigen Schnees und niedersehen auf uns Wichte. Er würde sich den schönsten Ort der Welt suchen. Und welcher Ort könnte schöner sein als die einsamen Gipfel des Albors, als diese schneebedeckten, blaugrauen Hänge, die weich und breit, wie die Brüste einer liegenden Frau, sich in den Himmel erheben, um Gott den Schöpfer mit ihrer Anmut zu lobpreisen? Dies wäre Sein Thron auf Erden, kein anderer Ort, und ich danke dem Herrn, dass Er mich hier leben lässt, wo ich Ihm so nah sein kann.

Der Bus hält quietschend. Nahid nimmt die Augen von Gottes Thron, drückt ihren Körper zwischen die der anderen in den schmalen Gang und lässt sich vom Gedränge der Fahrgäste auf die Straße schieben. Sie hat Hunger. Noch schlimmer aber ist der Durst. Den wenigstens wird sie jetzt stillen können. Sie geht die paar Schritte bis zum hohen Eingang des Basars, wo ein Wasserspender steht, und wartet, bis der Mann vor ihr getrunken hat. Sie wäscht sich zuerst mehrmals die Hände. Danach benetzt sie wieder und wieder Gesicht und Hals, während sie dem Bedürfnis widersteht, sich die Kleider vom Leib zu reißen und sich von Kopf bis Fuß zu waschen. Schließlich trinkt sie. Trinkt und trinkt so lange, bis die Frau hinter ihr ungeduldig zu schimpfen beginnt. Nahid sieht sich um. Eine Schlange von drei Leuten hat sich dort gebildet. Sie entschuldigt sich, nimmt noch einen großen Schluck, zieht den Tschador tiefer ins Gesicht und tritt den letzten Teil ihres Arbeitsweges, ihres ehemaligen Arbeitsweges, an.

Sie läuft am Bäcker vorbei, an der Apotheke und am Schuster. Dann kommen nur noch hohe Mauern, über die sich die Zweige von Pappeln, Akazien und Granatapfelbäumen erheben. Kleine, fest verschlossene, dunkle Holztüren sind in sie eingelassen, an denen Nahid mit gesenktem Blick vorbeiläuft. Schließlich biegt sie zu ihrer Linken in eine Straße ein, geht den Hang hinauf, ohne die johlenden Jungen zu beachten, die sich über ihren schmutzigen, zerrissenen Tschador lustig machen, und biegt dann in die lang gestreckte, saubere, von noch höheren Mauern gesäumte Gasse ein, in der Familie Becker ein Haus besitzt. Hier hängt selbst jetzt, Anfang Oktober, noch ein zarter Geruch von Chlorwasser in der Luft. Er schwebt über den Schwimmbecken der großzügig angelegten Gärten hinter fachgerecht verputzten Fassaden aus Ziegelsteinen, die sämtlich fabrikgefertigt sind. Vogelgezwitscher trällert durch die klare Luft und Kaskaden der ungebändigten Pracht Hunderter Bougainvillea- und Knöterichblüten perlen zu beiden Seiten über die Brüstungen des Mauerwerks in die ockerfarbene Nüchternheit des Sträßchens.

Es ist jetzt halb neun, und wenn der Morgen ein gewöhnlicher war, wird sie Herrn Becker nicht mehr antreffen, der um Viertel nach acht, pünktlich nach der Uhr, von seinem Chauffeur abgeholt wird. Nahid fährt sich mit den rauen Innenflächen ihrer Hände übers Gesicht, drückt mit beiden Zeigefingern gleichzeitig die Tränensäcke gegen die kleinen Kuhlen am Nasenbein und seufzt. Dann strafft sie den Rücken und läutet. In all den Jahren hat sie sich nicht an das fremdländische Dingdong gewöhnt, das die Klingel hinter der schweren hölzernen Eingangstür von sich gibt.

»Nahid.« Frau Becker schaut erstaunt, als sie die Tür öffnet. Sie freut sich. Sie lächelt. Aber Nahid weiß, dass sie Angst hat, sieht den Schimmer von Furcht in der Tiefe ihrer Augen.

»Khanum«, sagt sie einfach und wartet.

»Was tust du hier? Ich … Wir haben … Es ist vorbei, das weißt du doch.« Sie wirft einen gehetzten Blick in die Straße und öffnet die Tür dann weiter. »Komm rein, ich will nicht, dass dich hier noch jemand sieht. Komm schon, komm!« sagt sie mit gepresster Ungeduld in der Stimme.

Nahid tritt über die Schwelle in den schummrigen Windfang. Hier hält sich noch eine Ahnung von Morgenkühle, die bald verflogen sein wird, obwohl der Eingang nach Norden hin geht. Der Himmel ist strahlend blau. Es wird ein sehr warmer Herbsttag werden.

Gut für Nastaran, denkt Nahid und hofft, dass Mariam auf den Gedanken kommt, das Kind vor die Höhle zu tragen, damit es nicht im feuchten Dunkel gegen das Fieber kämpfen muss. Sie zieht die Schuhe aus und stellt sie an die Wand.

»Warte«, sagt Frau Becker, »ich habe deine Schlappen schon weggeworfen. Ich hole dir – ja, was gebe ich dir denn?« Sie wirft ratlose Blicke um sich. »Einen Moment«, sagt sie schließlich und verschwindet, während Nahid wünscht, sie hätte ihr die Sandalen, die extra für sie angeschafft worden waren, mitgegeben, statt sie wegzuwerfen. Ein paar Minuten später hält ihr Frau Becker ein altes Paar Hausschuhe von Ebrahim, dem Gärtner, hin. Nahids Füße versinken fast darin, aber bei den Beckers darf niemand barfuß oder in Strümpfen gehen. Das ist ein ehernes Gesetz und hat etwas mit Herrn Beckers Vorstellung von Hygiene und Blasenerkrankungen zu tun, die sich Nahid nie wirklich erschlossen hat.

»Du kannst nicht mehr bei mir putzen«, sagt Frau Becker und winkt Nahid, ihr in die Küche zu folgen. »Der Neue kommt nicht täglich, nur noch samstags und mittwochs. Matthias findet, dass das reicht, weil Männer gründlicher arbeiten.«

Nahid steht in der Küche und fühlt sich so befangen, wie Frau Becker aussieht.

»Also, was willst du? Geld? Willst du Geld? Ich kann versuchen… Du weißt doch, dass er meine Ausgaben genau kontrolliert. Aber ich …«

»Khanum«, sagt Nahid leise und sieht dabei zu Boden, »es tut mir leid. Ich muss mich bei Ihnen entschuldigen, dass ich Unannehmlichkeiten verursache. Ich bin nicht wegen Geld gekommen. Auch nicht wegen der Stelle.«

»Nicht?« Frau Becker schaut verblüfft und setzt sich auf einen Küchenstuhl.

Nahid schüttelt den Kopf.

»Mach uns einen Tee, ja? Lass uns einen Tee trinken wie früher. Ich bin müde. Ich vertrage diese Hitze nicht. Gott sei Dank wird es endlich Herbst. Mach uns einen Tee, und dann sag mir, was du willst.« Sie blickt auf die Uhr. »Um zehn kommt die Maniküre, also haben wir einen Moment Zeit, nicht wahr?«

Nahid entspannt sich. Sie legt den Tschador über eine Stuhllehne, schiebt sich das Kopftuch aus der Stirn und wäscht sich die Hände. Dann setzt sie Wasser auf und fragt, ob sie einen Schluck trinken darf.

»Aber der Tee ist doch noch gar nicht fertig, meine Gute«, sagt Frau Becker verwundert.

»Wasser, Khanum. Darf ich ein Glas Wasser trinken?«

Frau Becker lächelt. »Es gibt so Eigenarten von dir«, antwortet sie, »an die habe ich mich in all den Jahren nicht gewöhnt. Deine Besessenheit von Wasser ist so etwas. Trink nur. Trink so viel Wasser, wie du möchtest. Wasser ist für alle da. Und gesund ist es obendrein.«

Nahid nimmt sich ein Glas, eines der größeren, leert es in einem Zug, füllt es wieder und leert es ein zweites Mal. Dann summt der Kessel, und schließlich sitzen die beiden Frauen schweigend am Tisch in der geräumigen Küche. Nahid hält ein Stück Würfelzucker zwischen die Vorderzähne geklemmt und schlürft Tee aus dem gläsernen Unterteller, in den sie einen Schluck zum Abkühlen gegossen hat, während Frau Becker mit einem Silberlöffelchen in ihrer Porzellantasse rührt und zusieht, wie die Milch, die sie hineingegeben hat, sich erst in Schlieren zu Labyrinthen windet, um schließlich die erdfarbene Wahrheit des Tees in einen hellbraunen Kompromiss zu verwandeln. Langsam senkt sich die gewohnte Vertrautheit der beiden über den Raum. Vier Jahre lang haben sie an fünf Tagen in der Woche für die Dauer einer Viertelstunde und immer ab elf genau so in der Küche gesessen.

»Werden Sie gehen?«, fragt Nahid in die Stille.

Frau Becker gibt ein leises, spöttisches Geräusch von sich und nimmt den Löffel aus dem Tee.

»Bist du deshalb gekommen? Wegen dieser absurden Idee von dir? Ihr Perser seid ein Volk von Träumern. Werde ich gehen ...« Sie schüttelt träge den Kopf. »Wohin soll ich denn gehen? Und vor allem, warum? Weil er mich schlägt? Seit wann ist das ein Grund, seinen Mann zu verlassen, meine Gute? Das ist lächerlich. Hat dich deiner nie geschlagen?«

»Nein, Khanum«, sagt Nahid, »das hat er nie, Gott sei Dank. Aber ich weiß, dass ich nur Glück gehabt habe. Mahmud ist ein friedlicher Mensch, solange er nur sein Opium und ab und an einen Schluck Wodka bekommt. Und ich ginge wohl auch nicht, wenn er mich schlagen würde.«

»Also, deiner ist auch nicht besser. Was willst du dann von mir? Warum soll ich tun, was du selbst nicht tun würdest?« Frau Beckers Stimme klingt heiser und flach, als würde sie schlucken oder würgen, während sie spricht.

»Trinken Sie noch eine Tasse, Khanum«, sagt Nahid und gießt ihr Tee und Milch nach.

Frau Becker rührt in der dampfenden Flüssigkeit, lässt plötzlich den Löffel auf die Tischplatte fallen und schluchzt laut auf. Aus der Kommode neben der Küchentür in der Halle holt Nahid zwei Taschentücher, die sie letzte Woche erst gebügelt hat, und legt sie neben Frau Beckers Ellbogen auf den Tisch.

»Wohin soll ich denn gehen? Zu meinem Vater vielleicht? Der wird nur angewidert zur Seite sehen, wenn ich wieder zu Hause auftauche. Meinst du, meine Mutter würde zu mir stehen? Die hat mir gleich von Matthias abgeraten. Am Flughafen damals hat sie zu mir gesagt, das werd ich nie vergessen, ›Und denk ja nicht‹, hat sie gesagt, ›ich päpple dich wieder auf, wenn der dich unglücklich macht!‹ Das hat sie gesagt. Genau das, und sie hat es genauso gemeint. Ich kenne meine Mutter.«

Nahid sieht auf ihre Hände, die trocken sind und rissig und in ihrem Schoß liegen. Sie traut sich nicht, Frau Becker über den Arm zu streichen.

»Ich habe weder Abitur, Nahid, noch eine Ausbildung, nichts, gar nichts. Er hat mich von der Schule für Fremdsprachensekretärinnen direkt weggeheiratet. ›Du brauchst keinen Beruf, Schatz, du hast doch mich.‹ Und hier bin ich. Eine Königin irgendwie, weißt du, hier in deinem Land, im Glanz des Pfauenthrons. Ich bin jung, reich, schön. Ich wohne in einem kleinen Palast. Ich habe jemanden, der für mich putzt, und Ebrahim, der die Rosen beschneidet und das Laub harkt. Du denkst, das wäre überall so, stimmt's? Du denkst, wo immer ich hinkäme, würde ich dasselbe Leben führen. Aber die Wirklichkeit sieht anders aus, weißt du, ganz anders. Du denkst verkehrte Sachen. Du siehst die Welt viel zu rosig, Nahid.« Frau Becker schnäuzt sich und verwischt ihr Make-up, weil sie sich mit dem Handrücken über die Augen fährt, aus denen immer weiter Tränen fließen.

»Weißt du, wie es wirklich wäre, wenn ich nach Hause käme ohne meinen Mann? Ich müsste in einer Einzimmerwohnung leben. Von

Matthias würde ich keinen Pfennig bekommen. Die Wohnung müsste mir das Sozialamt ...«, sie unterbricht sich und sieht irritiert auf. »Habt ihr so etwas hier überhaupt?« fährt sie dann fort. »Jedenfalls die müssten meine Miete zahlen. Ich habe keinen Beruf und keine einflussreichen Freunde. Ich müsste putzen gehen oder so.« Sie zuckt zusammen, als sie das sagt, und läuft rot an. »Entschuldigung ... Das hab ich nicht so gemeint«, sagt sie leise. »In Deutschland ist das anders. Hier ist es irgendwie normaler, ich meine ...«, dann bricht sie ab, schüttelt den Kopf und knüllt das Taschentuch in der geballten Faust zusammen.

»Khanum«, Nahid sieht Frau Becker so lange ins Gesicht, bis sie ihren Blick erwidert, »Sie sollen nichts tun, was ich nicht auch täte. Ich rede nicht davon, dass Sie Ihren Mann verlassen sollen, weil er Sie schlägt.«

»Ach nein?« Frau Becker zieht verwundert die Brauen zusammen.

»Nein, ich würde es auch nicht tun. Ich glaube, es ist nicht so einfach. Ich kenne viele Frauen, die nicht gehen. Sie alle haben ihre Gründe.«

Frau Becker hat aufgehört zu weinen. Sie räuspert sich, fährt sich mit dem zweiten Taschentuch vorsichtig unter den Augen entlang und wischt die Mascara weg, die sich dort verteilt hat. »Du findest gar nicht, dass ich ihn verlassen soll«, sagt sie und klingt fast ein bisschen beleidigt.

»Doch, Khanum, das finde ich.« Nahid sieht der Frau, für die sie um die tausend Tage lang gearbeitet hat, in die Augen und wartet ab, ob Frau Beckers Herz seine Chance ergreift. Aber ihr Gegenüber schweigt, schnieft leise und wartet immer noch verwirrt darauf, dass Nahid das Geheimnis lüftet.

»Ich bin gekommen«, sagt Nahid und wählt ihre Worte mit Bedacht, »Ihnen zu sagen, dass ich meinen Mann verlassen und, wenn es sein müsste, sogar töten und dafür ins Gefängnis gehen würde, wenn ich wüsste, dass er mein Kind zu Boden wirft, es tritt, mit Gürteln traktiert und es vor allem nicht nur auf diese und andere Weise schlägt, sondern auch, Gott vergib mir, sondern auch immer wieder für Gelüste heranzieht, die er mit Erwachsenen befriedigen sollte.« Nahid schiebt das Teeglas auf dem Unterteller ein paar Zentimeter weiter in Richtung Tischmitte. »Das ist es, was ich Ihnen sagen wollte, Khanum.«

Sie legt die Hände in den Schoß und wartet, horcht in die entsetzte Stille, die die Küche gepackt hat. Sie beginnt zu frieren. Sie weiß, was gleich kommen wird. Es wird leise geschehen, fast lautlos. Sie hat sich darauf vorbereitet. Seit ihr Frau Becker vor vierzehn Tagen gekündigt hat, weil ihr Mann es nicht mehr als angemessen empfand, ›eine dieser ungepflegten Perserinnen‹ in seinem Haus herumschlurfen zu wissen, hat sie sich in Gedanken kaum mehr mit etwas anderem befasst als mit dem, was jetzt passieren wird. Es wird nicht lange dauern, und es wird sie Kraft kosten, es einfach geschehen zu lassen.

Frau Becker rührt sich nicht. Der Löffel liegt immer noch in seiner karamelfarbenen Lache neben der Tasse auf dem teuren Walnussholz. Immer noch hält sie das Taschentuch fest zusammengeknüllt in der linken Faust, die sie angespannt gegen ihr Knie drückt. Immer noch ist ihr rechter Ellbogen auf den Tisch gestützt. Die Hand, die gerade unterwegs war, eine Strähne hinters Ohr zu streifen, baumelt jetzt sinnlos und schlaff in der Luft. Frau Beckers Augen sind weit aufgerissen. Ihr Kinn hängt in einer Mischung aus Verblüffung und Abscheu herab. Nahid wartet weiter. Sie schaut in die blaue Iris dieser großen, schönen Augen, die durchzogen ist von einem grüngrauen Schimmern und umrandet von einem kreisrunden, anthrazitfarbenen Streifen. Etwas in Nahid ist noch mit Hoffnung beschäftigt.

Schließlich beendet das laute, aggressive Schrillen des Telefons die Situation. Die beiden Frauen warten stillschweigend, bis es sich legt, dann stehen sie nahezu zeitgleich auf. Nahid fährt mit dem Tschador über die Sitzfläche ihres Stuhls und die Streben seiner Rückenlehne, bevor sie ihn unter den Tisch schiebt.

»Lass das Glas stehen«, sagt Frau Becker. »Ich räume es gleich weg.«

Nahid nickt, knotet das Kopftuch ordentlich fest, legt sich den Tschador um, geht in den Windfang, öffnet die Haustür, nimmt Ebrahims Schlappen, hält sie nach draußen, schlägt sie mehrmals mit den Sohlen aneinander, stellt sie an die Wand, schlüpft in ihre eigenen Schuhe und tritt auf die Straße. Sie blickt sich um und sagt leise:

»Gott schütze Sie, Khanum, und die, die Er Ihnen anvertraut hat.«

Frau Becker steht in der schon halbgeschlossenen Tür. Sie ist bleich, sieht krank aus und magerer als noch vor einer halben Stunde. Sie hebt die Augen, spießt Nahid mit einem bohrenden Blick fast auf und sagt dann leise und mit großer Bestimmtheit: »Mein Mann ist kein guter Mann, Nahid. Und du weißt, dass ich ihn nicht liebe. Mein Mann ist auch kein guter Vater. Aber solange ich es nicht tue, und ich werde es niemals tun, hat kein Mensch auf dieser Welt das Recht, seinen Namen zu beschmutzen, der auch mein Name ist.«

Nahid lässt Frau Beckers Blick im Schatten der Tür zurück und geht. Sie wünscht sich, sie hätte noch die Gelegenheit gehabt, die Toilette zu benutzen. Sie wird sich behelfen müssen, und zwar bald. Vorn an der Ecke biegt sie nach links ab und geht den Weg zurück zur Bushaltestelle, dabei denkt sie über Zeit nach. Es wird etwa zehn nach neun und, bis sie unten am Meydan ist, halb zehn sein. Das sollte genügen. Dann denkt sie über Geld nach. Sie wird laufen müssen heute Abend, denn was übrig ist, reicht nur noch bis zu ihrem nächsten Ziel. Sie seufzt. Vielleicht wird sie auf halbem Weg bei Schirin übernachten, das ist immer noch besser, als spät nachts durch die Stadt zu laufen, auch wenn ihre Schwägerin ihr wie immer das Leben schwermachen wird. Als sie am Hamam vorbeikommt, zischt der Gedanke durch ihren Kopf, dass sie das übrige Geld auch verwenden könnte, um den Eintritt ins öffentliche Bad zu bezahlen und sich ein Stück Brot zu kaufen. Sie seufzt leise und überlegt stoisch, wo der Bus in Richtung Gholhak abfährt.

Kurz nach zehn steigt sie dort aus und geht den Weg zur Schule. Ihr Herz klopft, schlägt, hämmert gegen ihre Brust, und es will ihr nicht gelingen, sich zu beruhigen. Als sie an das große Tor kommt, hinter dem die leuchtend gelben Schulbusse eng gedrängt auf dem Parkplatz des rundherum von einer hohen Mauer umgebenen, weitläufigen Schulgeländes stehen, tastet sie nach dem Beutel zwischen ihren Brüsten und atmet tief.

»Sei mir gnädig, Herr, und lenke meine Schritte. Sprich aus meinem unwürdigen Mund und lass mich auf Menschen treffen, die nicht argwöhnisch sind.« Sie geht zum Pförtnerhäuschen, wo zwei Busfahrer, zwei Beifahrer und der Pförtner sitzen, Tee trinken und rauchen. Ahmad sieht zum Fenster, als die anderen ihn mit einem Kopfnicken auf sie aufmerksam machen. Sie lächelt und ist erleichtert. Das ist ein guter Anfang.

»Salam Nahid-Khanum, wie geht's, wie steht's? Was tust du hier? Ein bisschen früh, um den kleinen Becker abzuholen, oder? Die dritte Stunde hat eben erst angefangen.«

»Salam Ahmad-Agha. Danke, danke. Gut geht's, Gott sei dank. Alles bestens. Meine Kleine ist krank, aber sie wird schon wieder.«

Ahmad wirft einen kurzen Blick auf die schmalen, verschlungenen Wege. Kunstvoll gepflastert und von Akazien und Platanen gesäumt, winden sie sich zwischen verstreut angeordneten kleinen Pavillons entlang, in denen jeweils eine Schulklasse untergebracht ist. Niemand ist zu sehen.

»Willst du einen Schluck Tee, ja? Komm rein. Macht mal Platz, Jungs«, sagt er zu den anderen und wedelt mit der Hand. Einer der Männer steht auf, öffnet die kleine Glastür und verschwindet in Richtung Toilette hinter dem Häuschen. Nahid setzt sich zu ihnen, nimmt dankbar einen Tee, fragt nach einem Glas Wasser, bekommt auch das und trinkt.

»Rauchst du?«, fragt einer der Busfahrer und hält ihr eine Schachtel hin.

»Danke.« Nahid raucht und nippt an ihrem Tee.

»Er hat was an den Augen. Seine Mutter will mit ihm zum Augenarzt, zu einem Spezialisten aus Deutschland. Und der ist nur für eine Woche da.«

»Der kleine Becker hat was an den Augen. So, so ...«, grinst Ahmad. »Was hat er denn, 'ne Beule oder so? Ich hab auch eine, nur woanders. Mal ist sie da, mal nicht, ganz nach Lust und Laune.« Die Männer lachen.

»Sie hat keinen Termin am Nachmittag bekommen. Jetzt soll ich ihn holen, damit sie noch rechtzeitig hinkommt. Sie hat mir Geld für ein Taxi gegeben.«

»Warum kommt die Alte denn nicht selbst? Die haben doch alles, Chauffeur, Autos und alles.« Die Männer lachen wieder, sie gießen Tee nach, und der zweite Beifahrer kommt zurück.

»Ich darf doch mal.« Nahid macht eine Bewegung in Richtung Abort, sieht dabei zu Boden und geht hinaus. Kurz darauf fragt sie, wann die nächste Pause beginnt. Ahmad wirft einen Blick auf die Wanduhr über der Tür.

»Erst in zwölf Minuten«, sagt er. »Geh besser einfach in die Klasse rein und sag, du sollst ihn heimbringen. Geh in den Unterricht, sonst gibt es noch Ärger, weil du zu spät zum Arzt kommst.«

Nahid nickt und macht sich auf den Weg zum Pavillon der Klasse 2d. Sie setzt sich auf eine Bank am Weg, dort, wo die Kinder aus dem Klassenzimmer strömen, wenn es zur Pause klingelt. Ihr Magen knurrt, und das einzig Gute daran ist, dass das Geräusch sich über das Klopfen ihres rasenden Herzens legt. Wie jedes Mal, wenn sie hier gewartet hat, verwöhnt sie ihre Augen mit den sanften Farben, die der Schatten des Blätterwerks auf Bäume und Wege malt. Die Luft riecht sauber und frisch und ist auch hier geschwängert vom Chlorduft des großen Schulschwimmbeckens. Es liegt weiter oben, direkt hinter dem lang gestreckten, flachen Gebäude, in dem sich das Lehrerzimmer und die Verwaltungsräume der renommierten deutschen Auslandsschule befinden. Rotes und gelbes Laub bedeckt die Beete vor den niedrigen Fenstern der Klassen. Die Äste der Bäume über ihr beginnen schon, kahl zu werden, aber die Sonne findet immer noch ausreichend Blätter für ihre Lichtspiele. Nahid zuckt zusammen, als die Pausenklingel schrillt. Sie steht auf, und nur kurze Zeit später füllen sich die Wege mit Kindern, mit Lachen, Schreien und Toben. Pedi sieht sie sofort, ruft laut ihren Namen und wirft sich ihr an den Hals.

Sie drückt ihn an sich und lässt sofort locker, weil er leise aufschreit. Er schiebt ihre Hand von einer Stelle über seiner Hüfte fort und vergräbt gleich wieder das kleine Gesichtchen lachend an ihrem Hals. Die Klassenlehrerin kommt aus dem Pavillon.

»Salam«, sagt sie und nickt. Außer diesem Wort spricht sie kein Persisch, sodass Nahid sich nicht mit ihr verständigen kann.

»Salam«, antwortet sie deshalb nur. Dann zeigt sie auf Pedi und in Richtung Busparkplatz.

»Du willst Peter abholen? Aber er hat noch Unterricht. Du kannst ihn nicht einfach so mitnehmen. Das geht nicht.« Die Lehrerin schüttelt den Kopf. Nahid zieht einen Zettel aus ihrem Beutel. Er ist mehrfach geknickt und schon oft benutzt.

Hiermit beauftrage ich, steht darauf, meine Angestellte, Frau Nahid Behrangis, meinen Sohn Peter Becker, geboren am 5. Dezember 1970, heute früher aus dem Unterricht abzuholen, da ein wichtiger Termin seine Anwesenheit zu Hause erforderlich macht. Darunter steht Frau Beckers Unterschrift und ein Datum vom letzten Jahr, das ausgestrichen und durch ein jüngeres ersetzt worden ist, welches ebenfalls durchgestrichen ist und dem ein wieder jüngeres folgt. Insgesamt finden sich auf dem Zettel sieben unterschiedliche Daten. Das letzte bezeichnet den heutigen Tag. Es ist, findet Nahid, die still auf das Papier sieht, während die Lehrerin ungeduldig mit dem Blick darüberfährt, in einer krakeligen Schrift geschrieben, als hätte Frau Becker keine gute Schreibunterlage gehabt oder im Stehen geschrieben. Außerdem scheint sie einen Bleistift und nicht wie sonst einen Füller verwendet zu haben.

Ergeben und mit einem kaum unterdrückten Klang von Frustration in der Stimme sagt Pedis Lehrerin: »Was sind das eigentlich für rasend wichtige Termine, die ein Siebenjähriger so dringend vormittags zu Hause einhalten muss? Das werde ich nie verstehen.« Sie gibt Nahid den Zettel zurück, die ihn, Pedi immer noch im Arm, in den Beutel zurückstopft, und macht eine Bewegung mit der Hand. Nahid versteht nicht recht, was das heißen soll. Sie wartet stumm.

»Hol deine Sachen, Peter«, sagt die Lehrerin. »Deine Mama braucht dich zu Hause. Sag ihr, sie soll später bei Rolfs Mama anrufen und nach den Hausaufgaben fragen, ja?« Sie sieht ihrem Schüler dabei zu, wie er sich an Nahid herablässt, als sei sie ein stämmiger Baum, und wendet sich dann wortlos ab. Nahid unterdrückt ein erleichtertes Schluchzen, als sie das strahlende blonde Kind mit der Schramme über der rechten Augenbraue wieder im Eingang des Pavillons auftauchen sieht.

»Bis morgen, kleiner Herr Becker!« Hinter seinem Schiebefenster sitzt Ahmad inzwischen allein und winkt Pedi. Der dreht sich um, winkt vergnügt zurück und hält mit der Rechten Nahids große, harte Hand fest. Sie hat es eilig, macht weite Schritte und zieht das Kind hinter sich her. Pedi beschwert sich nicht, läuft schneller, versucht, Schritt zu halten, und ist still. An der Straßenkreuzung bleiben sie stehen, um eine Lücke im Verkehr auszumachen. Da sagt er leise:

»Du läufst in die falsche Richtung, Nahid.«

Sie sieht zu ihm hinunter, als erinnere sie sich eben erst wieder daran, dass sie nicht allein ist. Der Junge schaut sie mit großen Augen an. Er stellt keine Frage.

»Manchmal, Pedi«, sagt Nahid fast so leise wie das Kind vorher und schluckt dabei trocken, »manchmal ist die falsche Richtung die richtige. Heute ist so ein Tag, mein Liebling. Heute ist hier entlang die richtige Richtung.«

Sie laufen weiter. Sie schweigen weiter. Jetzt, da sie die erste Hürde genommen hat, wird Nahid schlagartig schlecht. Erst schiebt sie es auf die Schwangerschaft, dann auf den nagenden Hunger. Aber als sie endlich vor der christlichen Mission ankommen und Nahid merkt, dass ihre Beine, die jetzt nicht mehr mit Laufen beschäftigt sind, sondern stillstehen sollen, weich sind wie das Gummi eines dieser europäischen Babyschnuller und zittern wie die Blätter der Pappeln hinter dem kleinen Feld ihres Vaters, erst in diesem Moment gesteht sie sich endlich ein, dass eine blanke, kalte und sehr begründete Angst sie befallen hat.

»Oh mein Gott ...«, murmelt Nahid. »Was hab ich nur getan? Du hast dieses Kind nicht mir anvertraut. Du hast es ihr gegeben. Ich habe es mir genommen. Ich habe es ihr fortgenommen. Großer Gott! Du weißt, warum ich es getan habe. Steh mir bei, gib mir Stärke, und, wenn ich darum bitten darf, nur für heute, gib mir für diesen einen Tag die Klugheit und die Kraft einer Kämpferin.«

Sie steht vor der großen dunkelbraunen Holztür und sieht auf den Klingelknopf. Dann sagt sie im Flüsterton: »Lass sie im Haus sein. Lass sie da sein, denn ich kann nicht lange warten, bevor seine Mutter anfangen wird, ihn zu vermissen. Gepriesen sei Dein Name! Lass sie gleich selbst an die Tür kommen, und ebne meinen Weg, wie Du ihn in der Schule geebnet hast.« Endlich betätigt sie energisch die Klingel und sackt in sich zusammen, als eine ihr vollkommen unbekannte, ganz in Weiß gekleidete Frau die Tür öffnet. Sie sieht Nahid fragend an und wirft einen flüchtigen Blick auf das blonde Kind.

»Entschuldigen Sie«, sagt Nahid, »ich muss mit Schwester Ihremgord sprechen.« Nahid stolpert über das Wort mit den vielen, dicht aneinandergedrängten Konsonanten. »Bitte, ist sie da? Es ist dringend. Ist sie im Haus?«

»Schwester Irmgard?« Die steife Haube auf dem Kopf der Frau versucht vergeblich, eine üppige Pracht blauschwarzer Locken zu bändigen. Das große messingfarbene Kreuz, das über ihren Brüsten liegt, scheint unter ihren leuchtenden Augen eher verführerisch zu blinzeln, als Keuschheit zu verkünden. »Schwester Irmgard ist nicht hier. Sie ist in Deutschland. Für fünf Wochen oder sechs. Sie ist erst vor ein paar Tagen abgereist.«

»Was?« In Nahid explodiert eine kalte, grenzenlose Leere. Sie spürt, wie sich erneut eine Welle von Übelkeit in ihr zusammenballt. »Sie ist abgereist? Sind Sie sicher, dass sie wirklich nicht da ist?«

»Aber ja!« Die andere nickt. »Ich habe sie selbst zum Flughafen gefahren. Ich bin Schwester Rouschan. Vielleicht kann ich Ihnen helfen? Wollen Sie hereinkommen?«

Nahid schüttelt den Kopf. Nein, denkt sie, nein, du kannst mir nicht helfen, und ist zu sehr damit beschäftigt, ihre Angst im Zaum zu halten, als dass sie noch sprechen könnte. Schließlich gibt sie sich erneut einen Ruck, bedankt sich mit einem wenig überzeugenden Nicken und läuft weg von der Mission, läuft und läuft, den stillen Pedi immer noch an der Hand, die jetzt schwitzt und feucht ist. Sie bewegt sich in keine bestimmte Richtung. Nur erst einmal laufen, nicht stehen bleiben, bloß nicht stehen bleiben.

Ich bringe ihn einfach zurück in die Schule, denkt Nahid. Der Lärm des Verkehrs beherrscht alles. Busse, PKWs, Fahrräder, Mopeds. Sie hastet große Straßen entlang, Alleen mit Geschäften links und rechts, vorbei am modernen Kino mit seinen drei Vorführsälen und den neuesten Filmen aus den USA und Europa. Sie eilt am großen Park vorbei. Er ist bekannt für seine Schönheit, das kunstvoll angelegte Labyrinth aus Tuffgestein, Büschen und prachtvoll zu Figuren geschnittenen Zierbäumen. Sein Kernstück bildet der Rosengarten, dessen Duft den Gestank der Stadt verdrängt. Seinetwegen, aber auch wegen des Riesenrads, der kleinen Cafés und Teehäuser, der Bars und Kioske kommen am Wochenende viele Besucher hierher.

Ich bringe ihn einfach zurück, denkt es in Nahids Kopf. Ich gebe ihn unten bei Ahmad ab und verdrücke mich. Ich kann das nicht. Es ist zu groß für mich. Ich bin die Falsche. Ich kenne niemanden, ich habe kein Geld. Kein Mensch wird mir glauben. Sie werden mich nicht einmal anhören. Aber schreien, das werden sie, mich anschreien, vielleicht werden mich die Polizisten schlagen. »Schreib deinen Namen auf, Frau!«, werden sie brüllen und herausfinden, dass ich es nicht kann. Und wenn sie erst den gefälschten Zettel finden, ist sowieso alles aus. Fahrig greift sie in den Beutel, zerrt das Papier heraus, wirft es zerknüllt auf die Straße und hastet noch schneller weiter. Dann baumelt plötzlich ihre linke Hand nutzlos irgendwo neben ihrem Körper herum.

Er ist gestolpert. Sie hat ihn gezogen, gerissen fast. Dann ist er gefallen. Nahid hat es nur gemerkt, weil ihre Hand plötzlich leer war, weil sie mit einem Mal frei war. In ihr breitet sich ein hallendes Erstaunen aus. Ein Erstaunen über sich selbst. Sie hat das Kind vergessen. Es war vollkommen aus ihrem Bewusstsein verschwunden. Und jetzt liegt es weinend am Boden. Es hat sich ein Knie aufgeschrammt. Halb sitzt es, halb liegt es einen Meter hinter ihr im Dreck des Gehsteigs zwischen Hundekot und Männerspucke und wimmert leise.

Nahid sieht auf Pedi hinunter und rührt sich nicht. Jemand rempelt sie an. Mitten auf dem Gehweg steht sie, ein Hindernis im Strom der Passanten. Sie sieht auf Pedis kleine Hand, die das Knie hält, auf sein Gesicht, das schmutzig ist und gezeichnet von schmalen Längsstreifen. Im Staub auf seiner Haut haben die Tränen Spuren hinterlassen. Sie sieht auf den guten, dunkelbraunen Lederranzen, der neben ihm auf grauen Pflastersteinen liegt. Sie sieht seine Sandalen aus ähnlich teurem Material und die fröhlichen, bunten Ringelsöckchen. Schuhe, Strümpfe, Ranzen, alles in einer anderen Welt entworfen, gefertigt und gekauft.

Wer bist du? Was willst du von mir? denkt Nahid. Was habe ich mit dir zu schaffen, du Kind aus gutem Hause? Du wirst überleben. Es wird noch eine Weile schmerzen, dann bist du groß und wirst ein Bankier, ein Politiker, ein reicher Bonze. Einer, der, wenn er volljährig wird, mit seinem Vater in den Puff geht. So einer wirst du sein, auch wenn du jetzt vor mir sitzt wie ein kleiner, kranker Engel. Wie der Engel mit dem dünnsten Haar der Welt, das so wenig Farbe und Form hat, dass man es kaum als Haar bezeichnen kann. Du wirst den Reichtum deiner Eltern erben. Du wirst meine Sprache vergessen, die du an meiner Brust gelernt hast. Du wirst in einem silbern glitzernden Flugzeug weit oben am Himmel in eure Welt fliegen und nicht mehr wissen, wer ich bin, wer die Menschen sind, die hier auf dem Gehweg um dich her durch den Unrat dieser Stadt hasten. Warum hängst du dich mit deiner kleinen, unwichtigen Reicheleuteliebe an mich? Was willst du von mir?

Was immer es ist, ich kann es dir nicht geben. Wir haben nichts zu schaffen miteinander. Gar nichts. So ist die Welt. Sie ist geteilt in deine Hälfte und in meine Hälfte. Und die haben nichts miteinander zu tun.

Nahid keucht leise. Ihr ganzer Körper bebt und brodelt, als würde gleich etwas in ihm platzen. Das Kind hat aufgehört zu weinen. Es sieht zu ihr hoch. Aus seinen Augen dringt ein wachsamer, angespannter und vorsichtiger Blick zu ihr. Einer, der sich nicht sicher ist, was als nächstes geschehen wird. Dann rappelt Pedi sich auf, stellt sich auf seine kurzen, dünnen Beinchen, greift nach dem Ranzen, hängt ihn sich wieder über die Schultern, verzieht dabei kurz das Gesicht, strafft schließlich den Rücken. Den Kopf hält er ein wenig eingezogen, als ducke er sich vor etwas. So dreht er sich zu ihr um, sieht sie an von unten, wartet noch einen Moment, weiß, dass es besser ist, jetzt nicht nach ihrer Hand zu greifen, und sagt dann so leise, dass sie es kaum hören kann: »Entschuldigung«, während er sich, ohne sie dabei aus den Augen zu lassen, aufstellt, als gälte es, in Reih und Glied einen Marsch anzutreten.

Nahid ballt die rechte Faust und presst sie gegen ihren Oberschenkel, damit sie nicht zuschlägt. Auf den Fersen dreht sie sich um und raunzt ein eisiges »Komm!« Sie achtet nicht darauf, ob das Kind ihr folgt oder nicht. Sie achtet nicht darauf, wohin sie geht. Sie achtet nur darauf, nicht in lautes, unmenschliches, rasendes Brüllen auszubrechen. So stampft sie geradeaus, bis ihr ein Menschenauflauf den Gehweg versperrt und ein Weiterkommen unmöglich macht. Eine Viertelstunde ist vergangen, vielleicht sechzehn, siebzehn Minuten. Nahid sieht sich um. Ein Krankenwagen, zwei Polizeifahrzeuge, auf der Straße Autos, die weiterfahren, und solche, die stehen geblieben sind. Unwirsch schaut sie nach dem Kind, will es heranziehen, mit sich über die Straße zerren, zurückbringen, dorthin, wo es zu Hause ist. Sie schaut nach links, nach rechts, überall Menschen, große, kleine, stehende, laufende, gaffende, lachende. Nur Pedi sieht sie nirgends.

Mit den Ellbogen schiebt sie sich zurück durch die Schaulustigen, die sich inzwischen hinter ihr angesammelt haben. Sie stößt und windet sich durch die Menge, die nach Seife riecht und nach Schweiß, nach Staub, nach Eile und nach der Kälte geistloser Leben, die ihre Leere mit der Lust am Elend anderer füllt. Nahids Herz schlägt schmerzhaft

gegen ihre Brust, ihre Kehle ist wie zugeschnürt und sie friert erbärm-
lich. Endlich bricht sie durch den äußeren Kreis der Schaulustigen. Sie
sieht den Gehweg hinauf und hinab, schaut auf die Straße, auf die gegenüberliegende Seite. Pedi aber bleibt verschwunden. Sie läuft, rennt
fast zu der Stelle zurück, an der er gefallen ist.

Atme, befiehlt sie sich. Atme und denk nach. Ein Siebenjähriger
kommt nicht weit in einer Viertelstunde. Atme und benutz den Abfall
eines Gehirns, den Gott dir in den Kopf gepflanzt hat, weil du es nicht
wert warst, ein richtiges zu bekommen. Denk nach, Versagerin! Du
Klumpen aus Fleisch und Knochen, dem die eigene Seele davongelau-
fen ist, weil er so widerwärtig und erbarmungslos ist.

Nahid atmet. Dann fällt ihr die Mission ein. Aber den Weg kann er
sich unmöglich gemerkt haben. Zu oft sind sie abgebogen, zu weit sind
sie danach noch gelaufen. Langsam setzt sie einen Fuß vor den anderen und tastet die Stadt in Gedanken ab, bedrängt ihre Architektur mit
den Augen, mit dem Blick, sucht durch Fassaden hindurch, durch Mauern, Türen und Fenster und findet nicht, was ihr fehlt.

»Pedi, wo bist du?« Nahid geht zurück, immer weiter und weiter.
Zurück auf dem Weg, den sie gekommen ist. Sie geht, bis sie in Rosen-
duft steht und entfernt das Plätschern von Wasser hört, bis sie spürt,
dass die Luft weich geworden ist und die Stadt ein Herz hat. Eines, das
schlägt.

Dass der Durst nie nachlässt, denkt sie, weicht ab von ihrem Weg
und geht über blauweiß schimmernde, rundgewaschene Kieselsteine,
die unter jedem ihrer Schritte flüsternd klickern. Tiefer und tiefer
dringt sie ein in den Park, träumt vorbei an Zypressen, an Orangen-
und Quittenbäumen, wandert im Schatten von Feigenblättern und
badet im Duft von Astern, von Goldrute und Zaunwinde, lässt sich ver-
wöhnen von Oleander- und Geißblattaroma und folgt, mehr als allem
andern, dem Geruch der Rosen.

So findet sie ihn. Er hat die Schuhe auf die Kiesel geworfen, Säck-
chen und Ranzen daneben. Er sitzt mit dem Rücken zu ihr auf dem
Rand des großen, flachen Brunnenbassins, getaucht ins rötliche Mit-
tagslicht der Rosen ringsumher. Die Hosenbeine hat er hochgekrempelt
und plätschert mit nackten Zehen im Wasser. Seine Arme sind seitlich
vom Körper auf den Stein gestützt und er summt leise ein Kinderlied,

das sie ihm beigebracht hat. Als Pedi den Kopf hebt, sieht Nahid wie er nach oben. Ein Schwarm gelbgepunkteter Drosseln fliegt zwitschernd einen lang gezogenen Bogen über ihre Köpfe und taucht weiter hinten ins Dickicht der Stauden. Das Kind sieht zurück ins Plätschern der Brunnenfontäne, zieht sich mit rascher Bewegung das Hemdchen über den Kopf, taucht die Hände ins Nass und spritzt sich Wasser über den schmalen Körper.

Nahid schlägt die Hand vor den Mund und hört auf zu atmen. Ihr Gesicht glänzt von Tränen. Sie versucht, den Blick abzuwenden von dem Rücken da vor ihr, der an seiner kräftigsten Stelle vierundzwanzig Zentimeter breit ist, fünf-, sechsundzwanzig höchstens. Aber es gelingt ihr nicht. Sie wendet sich ab und geht ein paar Schritte in grüne Schatten zurück. Ihr ist schwindelig und schlecht. Durch bebendes Blätterwerk wirft sie kurze Blicke auf das bisschen Mensch am Brunnenrand, auf seine fleckigen Schultern und wischt sich immer wieder über die Augen.

»Pedi, mein Liebling«, sagt sie irgendwann leise und geht über den Kies auf das Kind zu, das sich umdreht und sie anstrahlt, als sei es vollkommen selbstverständlich, dass sie hier hinter ihm auftaucht.

»Nahid! Schau! Hier gibt es riesige Goldfische.« Seine Stimme ist ein Jubeln, ein Singen und Lachen. »Sie sind größer als meine Füße, sieh doch nur!« Pedi fuchtelt mit den Armen in der Luft herum und zeigt auf rotgoldene Blitze unter der Oberfläche des Wassers, die vom Rieseln der Fontänentropfen schäumt.

»Ja, mein kleiner Schwan. Ja, sie leben hier. In ein paar Wochen bringt man sie fort, damit sie nicht erfrieren im Winter. Aber heute schwimmen sie hier noch für dich und mich. Sie sind schön, nicht wahr?« Nahid steht halb hinter, halb neben Pedi, streicht ihm über den Kopf und fühlt im ganzen Körper schmerzhaft Erleichterung und Dankbarkeit dafür, dass das Kind einen Ort entdeckt hat, an dem es bereit war, sich finden zu lassen von ihr. Sie schlüpft aus den Schuhen, krempelt ihre Hose aus dünnem, zerschlissenem Stoff bis zur halben Wade hoch, knotet den Tschador vor den Brüsten zusammen und setzt sich neben Pedi. Sie stellt die Füße ins Wasser, taucht die Hände hinein, wiegt sie darin, lässt es über die Unterarme laufen und wäscht sich Schweiß- und Tränensalz vom Gesicht. Dann schöpft sie Wasser und trinkt.

»Warum sind wir hier allein?« Pedi wundert sich. »Warum kommt niemand sonst hierher?«

»Weil Samstagmittag ist, Liebling. Am Anfang der Woche haben die Menschen keine Zeit für Spaziergänge. Sie gehen arbeiten. Sie machen Einkäufe für die nächsten Tage. Sie sind beschäftigt. Übermorgen kommen sie dann langsam wieder, und ab Dienstag, wenn die Woche über ihre Mitte gefallen ist, kommen sie in Scharen. Du solltest mal am Donnerstag hier sein. Da hättest du viele Spielkameraden.« Nahid trinkt wieder.

»Kommst du oft hierher?«, fragt Pedi und zieht sich das T-Shirt wieder über den Kopf, weil die Sonne zu brennen beginnt.

»Nein, Herzblatt. Wie soll ich hierherkommen? Einmal war ich hier in meinem Leben. An einem Donnerstag. An einem schönen, heißen Donnerstag. Da haben wir im Schatten gesessen, weiter oben, wo die Granatapfelbäume stehen. Aber das ist lange her. Es war ein glücklicher Tag, und überall saßen die Menschen und grillten. Wir auch. Es gab Lammspieße und Reis und kräftigen Tee und sogar eine Wasserpfeife. So ein Tag war das.« Nahid lächelt, zieht Pedis Hemdchen straff und stopft seine Enden vorsichtig in die Hose.

»Du warst wie Papa.« Pedis Blick folgt den Bahnen der Fische.

Nahid zuckt zusammen. Sie sieht auf ihre Hände, auf die Knie und wieder auf die Hände.

»Ja«, sagt sie.

»Ein bisschen«, sagt Pedi, und in Nahid macht sich ein kleines Glück breit.

»Ja, ein bisschen«, sagt sie wieder.

»Sind wir doch in die falsche Richtung gelaufen?« Pedi hebt den Kopf und sieht Nahid von schräg unten an. Er hat die Stirn in Falten gelegt und denkt nach. Nahid erwidert seinen blauen Blick. In Pedis Augen sucht sie nach einer Antwort, findet keine, lässt die Schultern hängen und sieht auf den Vorhang aus Tropfen in der Mitte des Brunnens.

»Ich weiß es nicht«, sagt sie leise und nimmt die Füße aus dem Wasser. »Komm, wir setzen uns auf die Bank in den Schatten. Es ist heiß hier in der Sonne. Das macht uns nur müde. Komm, mein Kind, wir ruhen uns aus.« Sie ziehen sich die Schuhe an, krempeln die Hosenbeine herunter und gehen Hand in Hand zu einer Bank im Schatten von Zypressen.

»Ich hab Hunger, Nahid.«

Sie erschrickt. Natürlich hat er Hunger. Sie hat an nichts gedacht! Sie hat an gar nichts gedacht. Sie hatte einen Plan, der so viel wert war wie ein löchriges Boot auf dem Kaspischen Meer, weit weg vom Ufer, draußen in seiner tiefen, wilden Mitte, die nur die Störe kennen, die Kaviarschmuggler, der Himmel und der Wind.

Während Scham und Hilflosigkeit in ihr herumkriechen, öffnet Pedi seinen Ranzen und holt vergnügt ein Schulbrot hervor. Nahid hustet, fasst sich an die Stirn, fängt an zu lachen.

»Gott ist groß!«, ruft sie aus. »Dieser Tag ist noch nicht ganz verloren«, und schlägt vor Erleichterung die Hände auf die Brust.

Pedi faltet das Pergamentpapier auseinander. Zwei dicke Scheiben dunklen, spelzenfreien Brots kommen zum Vorschein, üppig mit Butter bestrichen und doppelt mit Salami belegt, die über die Ränder der Stulle hängt und das Grün eines Salatblattes fast ganz verbirgt. Mit seinen kleinen Fingern beginnt das Kind, das Schulbrot zu teilen.

»Was tust du da? Du zerkrümelst das Brot!« Nahid spricht laut und aufgeregt.

»Willst du nichts abhaben?« Pedi sieht sie erstaunt an.

Nahid schaut ebenso erstaunt zurück: »Du willst dein Brot mit mir teilen?«

»Ist es dir eklig? Ich hab noch eins. Du kannst auch das andre haben. Da ist Käse drauf, oder magst du lieber Salami?«, fragt Pedi und sieht in den Ranzen, der neben ihm liegt. Nahid schließt die Augen und lässt den Rücken gegen die Lehne der Bank sinken.

»Nein«, sagt sie leise, »nein, es ist mir überhaupt nicht eklig, Liebling. Gib her, ich teile uns das Brot. Gib es mir, meine Finger sind größer und kräftiger.«

Sie essen langsam und schweigend, sehen dabei auf das bläuliche Weiß der Kiesel, auf tausend unterschiedliche Tupfer von Grün in den Stauden, Büschen und Bäumen, horchen auf Vogelgezwitscher, auf Wassertropfenmusik und die weit entfernte Brandung des Verkehrs. Pedi knüllt das Butterbrotpapier in den Ranzen und kuschelt sich an Nahid. Er legt seinen Kopf auf ihren Schoß. Nach kurzer Zeit hört sie seine gleichmäßigen Atemzüge. Er schläft. Nahid legt den Arm um seinen schmalen Körper und beginnt zu beten. Aber noch bevor sie sich entschließen kann, worum sie bitten, wofür sie danken möchte, fallen auch ihr die Augen zu, und als sie wieder erwacht, weiß sie, dass drei Stunden vergangen sind und es fünf Uhr nachmittags ist. Pedi hockt vorn am Brunnen und spielt mit den Fischen. Abwechselnd wirft er Kieselsteine ins Wasser und versucht, die Tiere zu fangen. Nahid läuft zu ihm, bleibt auf halbem Weg stehen und sieht sich ratlos um. Die Schule hat inzwischen geschlossen. Frau Becker weiß, dass ihr Sohn nicht heimgekommen ist heute Nachmittag. Sie wird herumtelefoniert haben, zur Schule gefahren sein, mit ihrem Mann gesprochen, den Nachbarn, der Polizei, wer weiß wem alles Bescheid gegeben haben.

»Heute schlafe ich in deinem Haus«, sagt Pedi, als er sich zu ihr umsieht.

»Was?« Nahid sieht ihn erschrocken an.

»Ich werde deine Kinder kennenlernen und deinen Mann.«

Nahid lächelt. »Nein, mein Schatz. Mein Haus ist kein Ort für einen kleinen Engel wie dich. Nein. Ich bringe dich zu deiner Mutter und du wirst in deinem sauberen Bettchen schlafen wie immer.« Aber dann schaut sie ihn an und beginnt zu überlegen. Sie denkt an Mariam.

»Doch, Nahid«, sagt Pedi und lacht, »heute schlafe ich in deinem Haus.«

»Aber Kindchen, bei mir gibt es nichts zu essen. Noch nicht einmal Wasser und auch kein Bett. Ich habe gar kein Haus, weißt du.« Sie sieht den Jungen an und spürt, dass ihr die Verwirrung ins Gesicht geschrieben ist.

Pedi überlegt, dann sagt er leise: »Wir haben noch das Käsebrot, und ich habe gar keinen Hunger. Bitte, kann ich heute in deinem Haus schlafen?«

Es könnte gehen, denkt Nahid langsam. Mariam lässt sich bestimmt etwas einfallen. Sie ist klug und hat Kontakte. Aber dann lässt sie wieder die Schultern hängen.

»Pedi, komm, wir gehen. Ich bringe dich zurück. Es ist viel zu weit. Wir können niemals bis dorthin laufen heute Nacht, weißt du. Es ist sehr, sehr weit bis zu meinem Haus. Viel weiter, als du dir vorstellen kannst.«

»Weiter als bis zur Schule?« fragt Pedi leise.

»Viel, viel weiter.«

»Können wir nicht ein Taxi nehmen oder einen Bus?« In Pedis Stimme hat sich ein verzweifeltes Flehen geschlichen, das Nahid die Kehle zuschnürt.

»Mein kleiner Prinz, ich habe kein Geld für den Bus. Lass uns gehen.«

Pedi rennt zur Bank, auf der sein Ranzen liegt, und schreit fast: »Aber ich habe Geld! Wir können mit dem Bus fahren. Bestimmt! Komm, Nahid, komm, sieh mal, reicht das?«

»Du hast Geld?« Nahid geht langsam zur Bank zurück.

»Ja, Mama gibt mir immer Geld mit, falls ich Lust auf Süßigkeiten habe. Sieh mal.« Er kramt in seiner Federmappe herum und fördert drei Toman zutage.

»Du hast drei Toman?« Nahid setzt sich auf die Bank und sieht auf die Münzen in Pedis Händen. »Drei Toman einfach so in deinem Ranzen?«

»Reicht das für den Bus?« Der Kleine sieht sie erwartungsvoll an.

»Das reicht für noch mehr als nur den Bus, Pedi«, sagt Nahid.

Am Südkreuz blinken die Leuchtreklamen in der Dämmerung wie billiger Glasschmuck in der Sonne. In rasenden Kreisen fliegen die Autos um den großen Meydan, und die Luft ist voll vom Geruch gerösteter Maiskolben, gekochter roter Bete, vom Gestank der Abgase und von dunstigen Petroleumschwaden. Im gelben Licht der Glühlampen, die an dicken Stromkabeln in den Platanen baumeln, werden Zeitungen verkauft, Lotteriescheine feilgeboten, Schuhe geputzt und Handschläge auf gelungene Geschäfte gegeben. Polizisten patrouillieren in blauen Uniformen, halten Schwätzchen mit Taxifahrern und Budenbesitzern, sehen dabei über die Ränder ihrer Sonnenbrillen, die auf den äußersten Spitzen ihrer Nasen sitzen, obwohl die Sonne schon fast untergegangen ist.

Nahid hat sich Pedis teuren Lederranzen unter dem Tschador über die Schulter gehängt. Den Schleier trägt sie jetzt ordentlich verschlossen. Sie hält Pedi fest an der Hand. Der Junge ist still, geht so schnell wie möglich und dicht an ihrer Seite.

»Es ist noch ein ganzes Stück von hier«, sagt Nahid warnend, und Pedi nickt. Dann laufen sie und laufen.

Als sie endlich am Ziel ihrer Reise ankommen, ist es dunkel. Nahid schlägt die Plane hoch und schiebt Pedi vor sich her in die Höhle. Drinnen leuchtet ein Licht. Jemand hat eine Kerze und ein Streichholz aufgetrieben. Mahmud sitzt, Opium kauend, an die feuchte Wand gelehnt, links auf den Flickenteppichen. In seinem Schoß schläft Nastaran. Neben ihm steht ein zerbeulter Becher aus Blech mit etwas Wasser. Mirsa schläft, und Setareh liegt leise quengelnd neben ihm. Der Hunger hält sie wach. Schahram sitzt seinem Vater gegenüber und füllt den Raum mit dem hölzernen Tönen seiner Gebetskette.

Die beiden Männer sehen Pedi an, schauen dann zu Nahid hoch, die hinter ihm steht. Alle schweigen. Nahid setzt Pedi neben Mahmud und wickelt ihn in eine der dünnen Decken. Dann öffnet sie den Ranzen und holt erst ein Fladenbrot, dann ein Stück Schafskäse hervor. Setareh kommt sofort angerobbt. Sie hält die kleine Hand auf. Nahid reißt ein Stück Brot ab, bricht einen Brocken Käse hinein.

»Langsam«, sagt sie und hält es ihr hin. Dann verteilt sie den Rest unter den anderen. Zum Schluss weckt sie Mirsa und Nastaran und gibt ihnen ihren Teil. Das kranke Kind bekommt das restliche Wasser.

»Zeit zu schlafen«, sagt Nahid. Sie deckt die Kleinen zu, schickt ihren Mann zu Schahram hinüber und legt sich mit Pedi und Nastaran auf den Flickenteppich. Mahmud bläst die Kerze aus.

»Wo ist Mariam?«, fragt sie in die Dunkelheit.

»Woher soll ich das wissen?«, murmelt Mahmud schon im Halbschlaf. Nahid hört Schahram noch leise kichern, dann fallen ihr die Augen zu und sie denkt: fünf Uhr. Morgen reicht fünf Uhr.

Drei, höchstens vier Minuten nach fünf schlägt Nahid die Augen auf und weiß, dass irgend etwas nicht in Ordnung ist. Mahmud schnarcht leise. Schahram schnarcht aufdringlich. Vier kleine Kinder schlafen still. Dann bricht draußen ein Tumult los. Aufgeregte Stimmen, ein paar laute, vereinzelte Schreie und das Knattern von Motorrädern. Nahid ist gleichzeitig mit Schahram an der Plane. Sie treten hinaus in die Dunkelheit, die erleuchtet ist von Scheinwerfern. Oben auf dem Rand des Grabens stehen Polizeifahrzeuge und Bewaffnete. Im Hintergrund macht Nahid Soldaten aus.

»Bring die Kinder ins Freie«, fährt sie Schahram an und sieht besorgt auf den halben Meter Erde zwischen der Höhlendecke und den Reifen von schweren, gepanzerten Wagen. Schahram verschwindet hinter der Plane.

Pedi muss hier weg. Sie dürfen ihn nicht sehen, fährt es Nahid durch den Kopf. Sie greift nach dem blonden Jungen, der schlaftrunken und erschrocken wie die anderen aus der Höhle torkelt, und schiebt ihn unter ihren Tschador.

»Sei still!« raunt sie ihm zu und hört genau in dem Moment Mahmuds leise Stimme an ihrem Ohr:

»Wer ist dieses Kind, Nahid?« Ihr Mann sieht aufmerksam nach oben.

Auf beiden Seiten des Grabens stehen Bewaffnete mit Maschinengewehren und leuchten den schmalen Gang mit Scheinwerfern aus. Dann bricht irgendwo der Angriff los. Befehle, Schüsse, kleine Gruppen rennender Uniformierter mit Gasmasken vor den Gesichtern, kugelsicheren Westen und runden Helmen auf den Köpfen. Fliehende Menschen, noch mehr Schreie und das zutiefst einschüchternde Dröhnen von Panzerketten. Schahram ist verschwunden. Die Kinder stehen aneinandergedrängt zwischen ihren Eltern. Pedi lugt aus einem Spalt von Nahids Tschador hervor. Hossein und Puran von nebenan stehen bei ihnen. Der ganze Graben ist voller Menschen. Es dauert ein paar Minuten, bis die Erwachsenen aufatmen. Wen auch immer sie suchen, sie suchen ihn weiter westlich, entfernen sich in Richtung Brunnen.

Niemand kehrt in die Höhlen zurück. Sie warten ab, ob die Decken noch tragen. Menschen versammeln sich in der Mitte des Grabens. Irgendjemand hat Holz, andere haben Wasser. Man teilt sich den Tee, überlegt, wen sie suchen könnten, sorgt sich um ältere Kinder, die in der Nacht nicht da waren.

»Bleib erst mal hier mit ihm«, sagt Mahmud beiläufig zu Nahid, und sie nickt. »Oben ist es zu unsicher. Wer auch immer er ist, es war sehr dumm, ihn herzubringen.«

Nahid nickt wieder. Das war es, ja, das war es. Sehr dumm und sehr leichtsinnig.

»Aber das Brot und der Käse waren köstlich!« Mahmud lacht sein lautes, herzhaftes Lachen, und Nahid schmiegt sich in den Arm, den er um sie legt.

Gegen Mittag ist es still geworden. Sie haben zwei Frauen mitgenommen und einen Mann. Welche vom anderen Ende, die hier niemand kennt. Einer der Nachbarn erklärt sich bereit hinzulaufen, um herauszufinden, was geschehen ist. Man gibt ihm ein paar Nahrungsmittel und eine Decke für die Familien mit. Pedi, Setareh und Mirsa spielen Himmel und Hölle. Nastaran schläft. Sie hat ein wenig Farbe bekommen und glüht nicht mehr so wie gestern Nacht. Mariam und Schahram sind immer noch verschwunden. Besser ist es, denkt Nahid und hofft, dass sie der Polizei nicht in die Finger geraten sind. Als sie aufsteht, um mit Pedi loszugehen, hört sie ihren Namen.

»Nahid!« Es ist Huschang, der nach ihr ruft: »Nahid, hier ist jemand, der nach dir fragt.«

Huschang steht oben auf dem Grabenrand und zeigt hinter sich, wo Nahid aber niemanden sieht. Er dreht sich um und zeigt jetzt in Richtung Stufen. Nahid folgt seinem ausgestreckten Arm mit dem Blick und erstarrt. Sie schaut hinter sich, wo Pedi mit ihren Kindern spielt, und sagt, während sie sich wieder nach vorn wendet: »Pedi, mein Schatz, komm her.«

Das Kind reagiert nicht. Ohne sich umzudrehen, sagt sie noch einmal lauter: »Pedi, mein Prinz, komm hierher. Komm zu mir.«

Sie spürt, wie ihr Schützling aufsieht und dann den Blick in die Richtung wirft, in die sie selbst schaut.

»Mama!« ruft er laut und sprintet an Nahid vorbei auf seine Mutter zu, die in Begleitung eines Unbekannten unsicher näher kommt und die Arme ausbreitet. Pedi fliegt an ihre Brust, sie drückt ihn an sich, sieht ihn erstaunt an, als er aufschreit.

»Mama, ich hab bei Nahid geschlafen, und die Polizei war hier, und wir haben Schafskäse gegessen!« Das unentwegt plappernde Kind im Arm, bleibt Frau Becker schließlich vor Nahid stehen. Die beiden Frauen sehen sich lange an und schweigen. Sie schweigen so lange, bis Pedi nichts mehr zu erzählen weiß, sich aus dem Arm seiner Mutter befreit und wieder zu Nahids Kindern läuft. Die Nachbarn haben sich in einem lockeren Kreis um Nahid und die Ausländerin versammelt.

»Du hättest das nicht tun dürfen, Nahid.« Frau Becker spricht sehr leise.

»Ich weiß, Khanum. Möge Gott mir vergeben.« In der Stille entsteht eine Bewegung, und hinter Frau Beckers hellem, schlankem Rücken taucht der staubige Tschador von Mariam auf.

»Wer ist das, Mutter?« fragt sie laut und pflanzt sich neben die blonde Frau.

Nahid antwortet nicht, und die beiden Frauen sehen sich weiter in die Augen, ohne sie zu beachten. Am Zischen, mit dem Mariam plötzlich Luft holt, merkt Nahid, dass ihre Tochter verstanden hat, wer da neben ihr steht.

»Du bist die Ratte! Die Hure, die meine Mutter gefeuert hat! Das bist du doch, oder? Rede mit mir!« Sie zieht an Frau Beckers beigefarbenem Jackett und schüttelt sie dabei. »Was willst du hier?«

»Lass das!« Nahids Stimme klingt scharf.

Mariam lässt den Ärmel fahren, und der Mann, mit dem Pedis Mutter unterwegs ist, entspannt sich wieder.

»Wie haben Sie mich gefunden, Khanum?«

»Es hat eine Weile gedauert. Ich bin frühmorgens aufgebrochen, gleich nachdem Matthias aus dem Haus war. Der Taxifahrer hier hat mir geholfen. Er hat sich am Südkreuz durchgefragt für mich.« Frau Becker zeigt auf ihren Begleiter.

»Haben Sie Ihrem Mann nichts gesagt?«

Frau Becker sieht zu Boden und schüttelt den Kopf.

»Wo lebst du hier?« sagt sie schließlich und schaut sich um.

»Khanum, das hier ist kein Ort für eine Frau wie Sie«, antwortet Nahid verwundert, statt auf ihre Höhle zu zeigen.

»Das hier ist kein Ort für irgend jemanden«, antwortet Frau Becker.

Mariam schnaubt laut, sagt aber nichts. Ein paar der Umstehenden lachen.

»Werden Sie die Polizei herschicken, Khanum?« fragt Nahid.

Aber Frau Becker schüttelt den Kopf.

»Danke«, sagt Nahid.

»Peter«, Frau Becker sieht zu den Kindern hinüber, »komm, wir gehen.«

»Noch ein Mal!« ruft der Junge und springt, unterstützt vom Klatschen der anderen Kinder, in hohen Sätzen über die Himmel-und-

Hölle-Felder. Dann dreht er sich um und läuft zu den Erwachsenen. Er klettert an Nahid hoch, die weint, und küsst sie auf den Hals. Dann lässt er sich an ihr herab und nimmt die ausgestreckte Hand seiner Mutter, während Mirsa seinen Ranzen aus der Höhle holt.

»Auf Wiedersehen, Nahid.« Frau Becker sieht unentschlossen und verwirrt aus.

»Gott schütze Sie, Khanum«, sagt Nahid. »Gott schütze Sie und jene, die Er Ihnen anvertraut hat.«

Den Taxifahrer links, ihren Sohn rechts von sich, geht Frau Becker zu den Stufen zurück. Dort dreht sie sich um, weil sie weiß, dass Nahid ihr gefolgt ist. Nahid schaut ihr eine Weile in die Augen.

»Werden Sie gehen, Khanum?« fragt sie schließlich in die Stille.

Frau Becker erwidert ihren Blick lange und ernst und offen. Sie lässt sich Zeit mit einer Antwort.

»Ich weiß nicht, Nahid«, sagt sie schließlich leise und bestimmt. »Ich weiß es wirklich nicht.«

BLAUE STERNE

Als Leas Geschichte Konstantin findet, sitzt er auf einer Bank und fröstelt. Er betrachtet den Raureif an den scharfen Kanten der Grasbüschel
zwischen seinen Füßen und hört, wie Lea sich neben ihn setzt. Dass sie
es ist, erkennt er an der Musik, die ihre harten, flachen Ledersohlen
auf den Kieselsteinen des Spazierwegs machen. Zwischen den lang gestreckten Streifen kondensierter Luft, die der Atem in die Morgensonne
vor ihren Gesichtern entlässt, erstreckt sich die Breite der Parkbank,
und für lange Zeit ist ein Grünfink der Einzige, der sich getraut, seine
Stimme zu erheben. Er sitzt auf der obersten Verästelung einer hochge-
wachsenen Erle weiter vorn auf der Wiese und denkt sich Gesänge aus.

»Warst du schon mal in der Wüste?« fragt Lea in sein Konzert hinein.

Konstantin antwortet nicht, denn er hat ihr schon erzählt, dass er
noch nie im Ausland war.

»Ich schon«, sagt sie nach einer Weile. »Als ich klein war. Vielleicht
neun.« Sie runzelt die Stirn und murmelt: »Neun ist doch klein, oder?«

Konstantin fährt sich mit dem Handrücken über die Nasenspitze.
Er blickt nach rechts, dorthin, wo hinter Rhododendren und Birken
das alte, umfunktionierte Schloss in Weiß und vom Dach her in Türkis
durch frühlingsgrüne Blätter schimmert.

Nach ihrer Frage scheint Lea das Sprechen vorerst aufgegeben zu
haben. Konstantin sieht über sich in den Himmel, der weit ist und von
einer durchscheinenden Transparenz. Wie die Haut eines Kranken,
denkt er mit eigentümlicher Langsamkeit. Dann lässt er seinen Blick

wie zufällig nach links zu Leas Ende der Bank fallen und findet sie ganz in sich versunken. Ihr rechter Arm liegt waagerecht vor dem Bauch, die linke Hand wie vergessen auf einem Oberschenkel. Ihre Stirn ist vollkommen entspannt, und ihre Augen scheinen hinter den Büschen, die die Wiese vor ihnen begrenzen, nach etwas zu suchen.

»Es war eine Reise quer durchs Landesinnere«, fährt sie schließlich fort, und Konstantin wiegt sich in ihrer Stimme. Er schließt die Augen, um sie besser zu sehen: um Lea beobachten zu können, die neun ist und durch die Wüste fährt.

»Der Wagen geriet ins Schlingern, und ich wurde gegen die Wand gedrückt. Deshalb wachte ich auf.« Lea ist in eine Art Singsang verfallen. Konstantin sieht das Mädchen deutlich vor sich. Sie liegt zwischen Decken und Kissen auf dem Rücksitz eines funkelnagelneuen VW-Käfers. Die Lehne ist umgeklappt, sodass ein Schlaflager entstanden ist. Links neben Lea schwebt die Wärme ihrer Geschwister über den Polstern und durch das leise Quietschen der Reifen auf dem groben Teer der Straße hallt der flache, kalte Klang einer Ohrfeige.

»Ich habe immer«, sagt Lea leise und monoton, »auf das Aussetzen des Atems gehorcht. Ist dir das mal aufgefallen? Es hält genauso lange an, wie ein Erwachsener braucht, um Tränen zu schlucken, statt sie zu weinen.«

Hinter Konstantins geschlossenen Lidern fröstelt Lea, die steif auf den Decken liegt. Sie wartet auf das Geräusch des nächsten Schlages. Es folgt nur Sekunden später. Erneut rudert der Wagen in Schlangenlinien.

»Wenn der Atem wieder einsetzt, weißt du, dass niemand tot ist. Das ist wichtig.«

Konstantin denkt, dass dieses Wagenschlingern eigentlich eine schöne Bewegung ist, ein rund geschliffenes Mäandern nicht geglückter Geradlinigkeit. Er denkt sich fort an den Rand einer hohen Klippe am Meer, denkt sich weit ausgestreckte Arme, denkt sich den Wind, der ihm unter die Achseln fährt, ihn hochträgt, hoch und höher, ihn schließlich stürzen lässt in die schäumende Tiefe weit unten. Dann hört er, wie sich das unterdrückte Fluchen der Stimme hinterm Fahrersitz in Wellen von immer lauter und ordinärer werdenden Beschimpfungen verwandelt. Lea sieht er wieder, die sich aufsetzt, so leise sie kann. Sie greift nach dem großen Daunenkissen und legt es wie zufällig auf die beiden kleinen Menschen neben sich. Sie scheint ausschließlich mit Atmen beschäftigt zu sein und stiert mit aufgerissenen Augen die hohe Rückwand des Beifahrersitzes an. Von dort kommt kein Wort, kein Geräusch dringt hervor, nicht der geringste Laut. Mit jedem Schlag wird die Stille tiefer, weiter, höher, während sich Leas Stimme gleichbleibend tonlos durch die Bilder hinter Konstantins Augenlidern flicht.

»Der Wagen machte jedes Mal einen Satz nach vorn. Einen Augenblick lang dachte ich, wir säßen in einem gigantischen, schlecht aufgezogenen, mechanischen Spielzeug.« An Leas Stimme hört Konstantin, dass sie ein zaghaftes Lächeln im Gesicht hat. »Das ist ein anatomischer Automatismus. Wenn du etwas tust, das dich aus deiner Körperachse lenkt, machst du unbewusst Ausgleichsbewegungen. Er machte sie mit dem Fuß und traf immer das Gaspedal.«

Von Leas Vater, den sie immer nur ›der Diplomat‹ nennt, sieht Konstantin lediglich den Fuß und die Hand. Wie zwei nicht zusammenhängende Gegenstände sieht er sie vor sich im Dunkeln. An unsichtbaren Fäden scheinen sie zu baumeln in der Luft vor dem Rückspiegel und im Schatten unter dem Lenkrad. Dann hört er das Wimmern eines Kleinkinds, das vom Ruckeln des Fahrzeugs aufgewacht ist. Die Hand ist größer jetzt und kräftig. Beim ersten Kinderton fliegt sie zwischen den Vordersitzen hindurch, landet flach in Leas Gesicht, ballt sich zur Faust und geht mehrmals auf das Daunenkissen nieder.

Konstantin zieht scharf die Luft ein. Instinktiv weicht er der Bewegung der Hand aus. Kinderschreie füllen die Enge des Wageninnern. Das Auto bleibt ruckartig stehen. Die Fahrertür wird aufgestoßen, der Sitz nach vorn gekippt, das Kissen auf den Asphalt gerissen, die beiden Kleinen, eins am Arm, das andere am Bein, werden aus dem Wagen gezerrt und zur Seite getreten. Ein großes Gesicht taucht über den Händen auf. In seiner Mitte ein fluchender Mund, rechts und links lange Arme, die sich nach Lea ausstrecken, und wieder diese Hände, die sie an den Haaren zu sich heranziehen und auf die Straße werfen.

»Dann ist er wieder eingestiegen und weggefahren«, sagt Lea und spuckt auf den Kies links von sich. »Ich weiß noch, wie ich bewegungslos, das Kinn auf der Straße, so lange hinter den kleinen roten Rückleuchten hergesehen habe, bis ich mir eingestehen musste, dass sie wirklich ganz und gar fort waren.«

Konstantin sieht rote Tupfer im Samtschwarz des Horizonts verschwinden. Seine Lider werden schwer. Er scheint zu schweben. Immer wieder sieht er rote Punkte verschwinden, immer und immer wieder, und denkt, dass er gleich fort sein wird, dass er schlafen, träumen wird. Um sich herum hört er Geräte arbeiten, spürt unangenehm eine Maske auf dem Gesicht, angenehm eine warme Hand von hinten auf seiner Stirn. Riecht nach Mann, denkt er. Aber die roten Lichter sind schon so oft im Nichts verschwunden, dass er sich nicht mehr erinnern kann, ob es nicht doch eine Frau war, die bei der letzten OP hinter seinem liegenden Körper saß. Also lässt er den Gedanken fahren und schaut nach Lea auf der Wüstenstraße. Sie ist inzwischen aufgebrochen. Ein Kleines an der linken, eines an der rechten Hand, läuft sie in die Dunkelheit hinein. Sie laufen eine halbe Stunde, dann noch eine halbe Stunde, sie laufen schließlich fast zwei Stunden in die Richtung, in die der Wagen ihrer Eltern verschwunden ist.

Nebeneinander gehen zwei schmale, weißgelbe Monde auf am Horizont. Sie schwimmen in der Nacht, schimmern wie Perlen auf anthrazitfarbenem Samt. Sie werden größer, nähern sich beständig, bis schließlich das Brummen eines Motors zu hören ist und die Umrisse einer Karosserie sich um die Lichter legen. Lea zögert. Sie überlegt, ob es besser ist, stehen zu bleiben oder weiterzugehen. Ihre Schritte werden immer langsamer. Ihr Mund bleibt fest geschlossen. Eisern halten ihre Hände die der Geschwister, obwohl die beiden loslaufen wollen. So stehen die drei in der Mitte der Straße. Der Wagen hält knapp vor ihnen. Lea wartet, bis der Diplomat ausgestiegen ist und sie heranwinkt. Dann erst lässt sie die Kleinen los und geht hinter ihnen her auf den großen Mann zu. Beim Einsteigen wirft sie einen Blick auf die Mutter. Die hält die Augen geschlossen. Ihr Gesicht ist geschwollen, ihr Kleid zerrissen. Lea presst das Ohr zwischen Kopfstütze und Karosserie und entspannt sich. Die Atemzüge der Frau auf dem Beifahrersitz sind flach, aber stetig.

»Zählen Sie bis acht.« Die Stimme hinter Konstantins Kopf gehört zu dem Männergeruch. Sie ist tief, freundlich, beruhigend. Konstantin atmet. Er hat Angst. »Drei, vier, fünf«, murmelt er langsam. Die Geradlinigkeit der Zahlenreihe strömt Ruhe aus. Schräg neben seinem Kopf bewegt sich im Rhythmus seiner Atemzüge eine Art Leporello in einem

Glaszylinder auf und ab. Alles ist tannengrün und grellweiß. Der Tisch unter ihm ist kühl. Konstantin will der Hand auf seiner Stirn etwas sagen, aber er ist zu müde. »Noch eine Minute, dann können wir«, singen beruhigende Finger leise und streichen über seine Stirn.

»›Alle Mann an Bord?‹ hat er gerufen und gelacht, nachdem er den Wagen gewendet hatte«, sagt Lea und zündet sich eine verbotene Zigarette an. »Zum Glück hat er nicht auf eine Antwort gewartet, sondern am Radio rumgemacht und einen Sender gesucht. Es war gegen Mitternacht, und wir hatten noch einen weiten Weg vor uns.«

Konstantin öffnet die Augen, als nach kurzem Schweigen am anderen Ende der Bank eine Melodie erklingt. Diesmal schaut er ohne Umweg zu Lea hinüber. Sie sitzt völlig ruhig da und singt. Leise, aber klar und mit einer erstaunlich tiefen Stimme. Sie singt von einem Sternenregen, von glitzernden, leuchtenden, schimmernden Sternen, die fallen, die vom Himmel herabfallen zu Hunderten auf einen Ort, den Konstantin nicht kennt, einen Ort namens Alabama.

»Für das Lied hat er sich entschieden«, erklärt Lea, als die letzte Strophe verklungen ist, und Konstantin schließt wieder die Augen. Hinten im Auto, das sie durch die Nacht trägt, während im Radio jetzt eine Trompete singt und ihre Eltern sich leise unterhalten, als wäre nie etwas anderes als Liebe und Einverständnis zwischen ihnen gewesen, liegt Lea. Sie ist erschöpft von der Angst, müde vom Laufen im Ungewissen und ausgelaugt vom Weinen. Ihre Augen brennen salzig und trocken, und sie kann nicht schlafen, weil sie dem Frieden, der den Wagen plötzlich erfüllt, nicht traut.

»Es war ein lauter Frieden«, sagt sie in die Stille des Parks, »ein Frieden wie ein dröhnender Schlag gegen eine Holztür, hinter der sich jemand verbarrikadiert hat.«

Konstantin sieht Lea zwischen weißen Kissen liegen. Sie wendet den Kopf zum Seitenfenster und schaut in den Himmel über der Wüste in diesem Land, in das die Arbeit des Vaters sie gebracht hat. Auf ihre Züge hat sich ein Wundern gelegt. Sie staunt über die Sterne, denn sie sind dunkelblau. Der Himmel um sie herum aber leuchtet in einem blendenden Silber. Dann verwandelt sich der Ausdruck auf ihrem Gesicht langsam, und die Irritation in ihrem Blick macht einem erstaunten Begreifen Platz. Die Nacht ist dunkel, dunkler, als Lea es je erlebt hat in der Stadt. Kein Mond scheint, und nirgends brennen Lichter. Sie sind im Herzen der Wüste, die gekrönt ist von unbegreiflich vielen Sternen. Ihre Zahl ist so groß, dass der Himmelsbogen zu einem schimmernden Tablett aus reinem Silber geworden zu sein scheint. Wie blau strahlende Sterne wirken deshalb die wenigen Flecken, an denen keiner funkelt.

Leas Kindergesicht ist jetzt von einer erschöpften Ruhe erfüllt. Die Augen fallen ihr immer wieder zu. Fast schon im Traum, murmelt sie vor sich hin:»Das muss ich mir unbedingt merken. Für später, wenn ich groß bin. Das ist wichtig.«

In der Pause, die entsteht, räuspert sich Konstantin. Es klingt, als setze er zu einer langen Rede an.

»Ja«, sagt er dann langsam, aber sehr entschieden,»neun ist ganz schön klein.«

»Diese Reise, weißt du«, fährt Lea am anderen Ende der Bank nach einer Weile fort,»diese Reise hat mir den Himmel geschenkt.«

Jetzt schaut sie zu ihm, das Lächeln aus dem Auto im Gesicht.»Wenn ich Angst habe, wenn ich richtig große Angst habe, mache ich die Augen zu und fliege in den Wüstenhimmel, ins Sternenland.«

Sie streicht sich eine Strähne aus dem Gesicht, sieht auf die Uhr und wirft einen Blick auf das ehemalige Schloss am anderen Ende des Parks.»Ich muss jetzt rein, bin gleich dran. Sie machen doch noch eine Computertomografie.«

Konstantin nickt. Sie schweigen.

»Ich werde auf dich warten morgen«, sagt Lea schließlich mit einem Streicheln in der Stimme.»Ich werde in deinem Zimmer sein, wenn du aufwachst.«

Konstantin schluckt trocken. Mühsam rudert er aus der Stille in seinem Innern heraus.

»Was«, fragt er schließlich,»wenn ich nicht aufwache?« Und diesmal ist es sein Blick, der hinter den Büschen weiter vorn etwas zu suchen scheint.

Lea lacht leise. Sie geht drei Schritte, dann kommt sie noch einmal zurück, kommt nah, ganz nah heran, beugt sich zu ihm hinunter und legt ihm die Hand auf die Wange.

»Tu's einfach«, flüstert sie und küsst ihn.»Wach einfach wieder auf.«

RETTICHKREUZUNG

Im März kommen die Füchse aus den Wäldern. Hauptsächlich zum Sterben, so scheint mir. Sie riechen streng. Bis heute Abend wusste ich das nicht. Überhaupt weiß ich wenig. Und was jemand wie ich weiß, ist hier draußen nur äußerst bedingt von Wert.

Nie vorher habe ich solchen Wind erlebt. Der Weiler liegt nur wenig mehr als fünfhundert Meter über Normalnull, die Stadt, die wir verlassen haben, immerhin bei zweihundertfünfzig, aber solchen Wind gab es dort nicht. Das Haus steht allein und auf dem höchsten Hügel weit und breit. Alles andre liegt uns sozusagen zu Füßen: die benachbarten Dörfer, der Pferdehof, die Schlucht im Nordosten mit ihrem schwarzgrün verschatteten Wald. Der Wind kann im Grunde kaum anders, als sich ums Haus zu wickeln und an ihm zu zerren.

Die Fensterrahmen sind alt, durchzogen von Spalten und Rissen. Auch bei blendendem Wetter geht immer ein Luftzug durch das alte Gemäuer. Ich habe Kitt gekauft und Dichtungsband. Außer den Fenstern scheint alles verlässlich stabil: Das Dach, das Fachwerk, die Wände, auch die Türen. Als im Frühherbst und nur kurz, nachdem wir eingezogen sind, die ersten Stürme aufkamen, saßen wir dennoch eingeschüchtert am Kaminofen in der Küche und warfen mit großen Augen Blicke nach draußen in die Nacht. Konrad nicht weniger beklommen als ich.

Inzwischen lenkt mich das Wetter hier nicht mehr ab. Die Weite. Der Himmel. Der Eindruck der Endlosigkeit. Die Lagen aus Grau und

Weiß und Niesel, diese Massigkeit der Nebelbänke zwischen Scheune, Haus und verwaisten Ställen, manchmal tagelang. Der Sturm. Das Horizontgold, Abend für Abend, wie der in Leuchtfarben bedruckte Rahmen um ein Lakschmi-Bild aus dem India-Shop in der Stadt. Die von Sternen beinahe gänzlich durchstanzte Nacht. Schon bald scheint all das selbstverständlich, ist vergessen, wie fremd es war, noch vor Kurzem, wie unerreichbar und märchenhaft. Man hört so bald auf zu staunen, weil man nicht ununterbrochen staunen kann.

Ich habe versucht, diesen Moment hinauszuzögern, denn er war absehbar. Das Staunen war die beste Ablenkung von der Hilflosigkeit. Ein Geschenk. Dieses Überwältigtwerden vom schieren Anblick der Welt. Es ließ viel zu schnell nach.

Inzwischen hat der Alltag mich wieder fest im Griff: Die Stille, die von Konrad ausgeht. Seine Verlorenheit. Die vollkommene Widerstandslosigkeit, mit der er die Schwäche jetzt erträgt. Manchmal, bei kreuzenden Strömungen, bleibst du nur am Leben, wenn du deinen Willen auf- und dich selbst ganz und gar der Macht preisgibst, die dich hin- und herschleudert, die dich untertaucht und vielleicht, wenn du Glück hast, irgendwann wieder an Land erbricht. Konrad hat das lang vor mir verstanden. Dass es nämlich ums Aufgeben ging. Darum, in die Tiefe zu tauchen. Getaucht zu werden. Darum zu warten. Nur darum. Seitdem geht es bergauf mit ihm. Langsam. Elend langsam. Aber bergauf. Rückschläge inbegriffen.

Während er oben sitzt oder liegt und schweigt und aus dem Fenster im ersten Stock schaut, verbringe ich meine Zeit in den Kellern. Das Erdgeschoss besteht aus drei großen, von Tageslicht durchfluteten Räumen: dem Heizungskeller, dem Blauen Keller und dem überflüssigen Keller. Wir besitzen nicht genug, um auch ihn zu füllen. Und als reichte das nicht, befindet sich unter diesen dreien ein weiterer: Das Fundament des Hauses ist ein in den gewachsenen Sandstein geschlagener Gewölbekeller. Aufgrund der klimatischen Bedingungen dort unten ist er ausgezeichnet geeignet zur Lagerung von Wein. Und tatsächlich liegen, verborgen in löchrigen Kokons aus Spinnweb und Staub, noch ein paar alte Fässer auf Regalen herum: wie eingeschlagen in von Jahrhunderten mürbe gemachte Seide. Konrad und ich verstehen nichts von Wein.

›Blauer Keller‹ sei ein guter Name, lobt unser Vermieter. Er wurde in diesem Haus geboren, wie seine Mutter, seine Großmutter, sein Urgroßvater und alle seine Vorfahren seit 1875. Und den überflüssigen, den wir leer stehen lassen, den habe bereits seit drei Generationen niemand mehr benutzt. Jeder Raum in jedem Haus auf der ganzen Welt habe, erklärt er uns am Tag unseres Einzugs, einen eigenen Namen. Das sei nichts weiter als eine schlichte Tatsache. Man solle zusehen, diese Namen zu kennen, und die Räume bei ihnen zu nennen, sonst geriete – früher oder später, aber so sicher wie das Amen in der Kirche – das Haus in Verwirrung und begänne, seltsame Dinge zu tun.

Der Blaue Keller, erfahren wir, habe jahrzehntelang und bis zu unserem heutigen Einzug ›Uhls Keller‹ geheißen. Seit nämlich Anno Domini 1902 der selige Urgroßonkel Ulrich beschlossen habe, der Welt den Rücken zu kehren und den Rest seiner irdischen Tage in diesem Raum zu verbringen. Das Loch im hinteren rechten Eck habe eben jener Uhl gegraben, um seine Notdurft verrichten zu können, ohne hinauszumüssen. Am unteren Ende der Grube fände sich bis heute ein schräg in die Erde eingelassenes Fallrohr, das direkt in die irgendwann im Verlaufe der fünfziger Jahre stillgelegte Sickergrube hinterm Haus münde. Es sei ratsam, das mit Eisenbändern an den Boden geschweißte Holzbrett nicht zu entfernen. Die Grube darunter würde zwar nicht mehr benutzt, sei aber nie zugeschüttet worden und immer noch viele Meter tief.

Nicht ahnend, dass es einen alten gab, hatten wir dem Keller seinen neuen Namen gegeben, weil sein Boden anlässlich unseres bevorstehenden Einzugs in seiner gesamten, durchaus beträchtlichen Länge und Breite mit kornblumenblauer Auslegware bedeckt worden war. Uhls Urgroßneffe nickte vor sich hin. Er denke, der neue Name sei dem Keller wohl recht. Schließlich sei der alte Uhl doch eher jämmerlich zugrunde gegangen in dieser, seiner letzten Wohnstatt. Immerhin habe seine Frau, was ja auch wieder verständlich sei, sich geweigert, ihn dort unten zu versorgen. Und seine Kinder habe er nach und nach sämtlich vergrault.

Damit ging er, warf aber noch einen letzten Blick auf den von Mehltau befallenen Wein, als wolle er uns sagen, dass wir uns mit dem nicht abplagen müssten. Die Äste der von faseriger Rinde überzogenen

Pflanze rankten knotig die Fassade entlang. Im Herbst des nächsten Jahres würde sie wieder Reben tragen. Feste, saure, nachtblaue, die nur noch von Vögeln geerntet wurden.

Seit die Schränke im Haus aufgestellt und die Regale angehängt sind, öffne ich jeden Tag eine, höchstens zwei der Umzugskisten, die nun im Blauen Keller entlang der Wand gestapelt sind. Immer mache ich drei Haufen: was wir noch brauchen, was weg kann und worüber Konrad irgendwann entscheiden soll. Die Dinge aus dem letzten Haufen kommen gleich dort unten in einen geräumigen Schrank. Den Rest trage ich zum Müll oder ins Haus hoch. Ich habe es nicht allzu eilig mit dem Aus- und Einräumen.

Heute Morgen ist Konrad liegen geblieben. An manchen Tagen fehlt ihm die Kraft, die das Aufstehen braucht. Ich habe ihm Kaffee gebracht im Tausch gegen ein Lächeln. Lächeln strengt ihn an. Und er fühlt die Freude nicht, die es mir schenken soll. Er fühlt gar nichts. Ich habe Monate gebraucht, um zu verstehen, was das bedeuten könnte. Habe ihn wieder und wieder mit Fragen gequält. Mit der Bitte ... Unfug! Mit der Forderung zu erklären, wenigstens zu beschreiben: »Was soll das heißen: du fühlst nichts.«

Bis ich anfing, das Ausmaß der Taubheit zu ermessen, in die Konrad zurzeit verbannt ist, verging ein ganzes Jahr. Die Ohnmacht, die das Begreifen mit sich bringen würde, war schließlich gerade so absehbar wie die Gewöhnung an den Himmel, den Sturm, den Horizont. Und es kam genau wie erwartet: Als ich endlich aufhörte, mir die Bedeutung von Konrads unvorstellbarer Erschöpfung vom Leib zu halten und seine langsam und mühselig zusammengestückelten Erklärungen in meine Hirnwindungen einließ, erstickte ich beinahe an der Machtlosigkeit gegenüber dem, was sich in seinem und also auch in meinem Leben abspielte. Aber es gab auch und zu meiner Überraschung einen Preis zu gewinnen. Denn endlich begriff ich, welche Zärtlichkeit Konrads Entschluss innewohnte, ein Lächeln für mich aufzusetzen, bei dem er nichts fühlte.

Wenn zu viel von Konrads Grau durchs Haus schwebt, werde ich unruhig, manchmal kopflos und ängstlich. Ich fürchte mich vor der Ausdehnung der Zeit. Davor, dass sein Zustand sich nicht verbessern könnte. Davor, dass ich ihn eines Tages verlassen könnte, weil ich es irgendwann vielleicht nicht mehr aushalte in dieser dumpfen Schwerfälligkeit. Nachdem die Natur so schnell versagt hat und zur Gewohnheit geworden ist, ist Kistenausräumen die zweitbeste Methode, mich vor solchen Anfällen zu bewahren. Wenn auch sie versagt, fahre ich ziellos mit dem Auto in der Gegend herum.

Auf diese Weise kam ich vorhin zur Rettichkreuzung. Sie wird so genannt, weil einer der ortsansässigen Landwirte bis vor wenigen Jahren dort seinen Rettich feilbot. Und obwohl es sich inzwischen tatsächlich um einen kleinen Kreisverkehr handelt, hält sich nicht nur wie ein Lügenmärchen die alte Bezeichnung von der Kreuzung, sondern auch die alte Fahrweise der Einheimischen: Wenn sie von der benachbarten Kleinstadt Richtung See unterwegs sind, also die Ausfahrt ansteuern, die das Navi die vierte nennen würde, und sofern vor ihnen kein Wagen auf die Rettichkreuzung zusteuert, fahren sie grundsätzlich ordnungswidrig, nämlich links in den Kreis hinein und gleich wieder links hinaus.

Gerade so machte es der Kombi hinter dem ich herfuhr, und eine halbe Minute später tat ich es ihm gleich. Eine weitere halbe Minute darauf kam aus dem Wald ein Fuchs gerannt, versuchte in letzter Minute abzudrehen, prallte gegen den Wagen vor mir, flog hoch in die Luft und landete, während faustgroße Fellstücke um ihn herumsegelten, zwölf Meter vor mir auf der Landstraße.

Beinahe zeitgleich schalteten mein Vordermann und ich die Warnlichter an. Beinahe zeitgleich verließen wir unsere Fahrzeuge und gelangten, beinahe zeitgleich, zu dem Tier, das still und bewegungslos zwischen uns lag.

»Ein Glück ist er tot.« Wir flüsterten es wie aus einem Munde.

Der Mann war bleich. Seine Hände zitterten. Er fragte mich, wie die Vorschriften seien in einem solchen Fall. Ich wusste es nicht. Und wunderte mich:

»Sind Sie denn nicht von hier?«

»Nicht mehr«, murmelte er. »Lang schon nicht mehr.«

Neben dem Fuchs ging ich in die Hocke. Seine Bauchdecke war fort. Sie muss am Fell durch die Luft geflogen sein. Sein Darm war zu sehen. Unversehrt und wie fein gewundene, schmale, altweiß gefärbte Seile. Ein dünner Film hellen Rots lag über allem. Seine Augen waren geschlossen, die Lefzen ein wenig hochgezogen und zwischen den Vorderzähnen stand ein winziges Stück Zunge hervor. Sein Fell war beinahe seidig. Ich sah zu dem Mann hoch, der immer noch zitterte, der neben mir stand und das tote Tier anstarrte.

An den Hinter- und Vorderläufen nahm ich den Fuchs und stand auf. Er war erstaunlich leicht.

»Danke ...«. Bis wir fortfuhren, würde der Mann das Wort ein ums andre Mal wiederholen, würde ich ein ums andre Mal nicken.

Ich legte den Fuchs hinter einen der Sandsteinbrocken am Wegrand unter eine Haselhecke. Wir bedeckten ihn mit trockenem Laub und Kieferngrün. Ich wischte mir die Hände an der Hose ab. Wortlos gingen wir zurück zu unseren hektisch blinkenden Autos, die in der vergangenen halben Stunde auf der schmalen Landstraße keine Gesellschaft bekommen hatten. Ich sah seinem Wagen nach, bis er hinter der nächsten Kurve verschwand.

Jetzt sondern meine Hände einen strengen Geruch ab. So riecht Fuchs, denke ich, und fühle wieder sein weiches Fell an den Fingern. Um mich her ist es still. Aus dem Wald tönt eine Vogelstimme, die ich nicht zuordnen kann. Endlich lasse ich den Wagen an und vermeide es sorgsam, über die blutige Stelle auf dem Asphalt zu fahren.

Zu Hause wasche ich mir die Hände, wechsle die Hose. Konrad ist wach. Er sitzt im Bett, die Kissen hinter sich aufgetürmt. Seine Augen sind müde. Ich erzähle ihm von dem Fuchs. Von seinem Geruch. Er hört aufmerksam zu. Er greift nach meiner Hand und schnuppert an meinen Fingern. Dann schaut er aus dem Fenster, wo ein schmaler Rest Sonne über den Hügeln liegt und wir horchen auf den Wind, der an den alten Fensterrahmen reißt.

MOΛFEß

Ej Max, wer is'n dette?
    Wo?
Na da, uffm Plakat menno. Haste keene Ogn im Kopp oda wat?
    Ach dette... Moafeß.
Wat?
    Moafeß.
Samma! Hajick jetße Bohn offe Ohrn oda wat?
    Woher soll ickn det wissn?
Na wat faselstn du da dijanze Zeit füan komischet Wortej?
    Watn füan Wortej?
Na Moa ürndwat.
    Moafeß.
Scheiße menno! Wat solln det heeßn?
    Na du wolltstoch wissn wer die Tusse da is.
Tusse? Wo?
    Na da uffm Plakat menno. Willstema verscheißern oder watej?
Ach dette. So heeßt die Olle?
    Hm.
Moawie?
    Moafeß.
Kannick mija nie merknej.
    Na broochste ja och nich, ma.
... ...

… …

Un wat soll det nu fürn Name sein, dette?

Wat weesnickej. Son Name halt. Scheißname, mia doch ejahlej!

… …

… …

Un woher weeßte det?

Wat?

Na det die so heeßt, menno.

Ma ej, du jehst ma escht uffe Eierej. Haste keene Ogn im Kopp
oda wat?

Ej! Mach ma nich anej, klar?

Samma, steht doch druntaej! Alta, alta…

Escht? Na weeß ick dette? Sieht ma von hia nichej.

… …

… …

… …

Ej Max.

Watn?

Un wer is det nu?

Wat weesn ickej. So'ne Tusse halt. Macht so Jeschichten un so.

Wat soll'n det wieda heeßen: Jeschichten?

Watweesnickej. So Kram halt.

Ma ej, du redst doch och immer bloß Scheiße menno.

Laß ma in Ruheej. Eschtej.

… …

… …

Scheißtusse.

Sarickdochej.

ANMERKUNGEN

Die Erzählung *Von wegen Türöffner* wurde mit dem MDR-Literaturpreis ausgezeichnet.

Die Erzählung *Bauer Scheurle und die Jungfrau im Kürbis* bezieht sich auf: Hebel, Johann Peter: *Denkwürdigkeiten aus dem Morgenlande.* In: ders.: Kalendergeschichten. Tübingen 2009, S. 38 ff.

Die dem Band *Wüstenhimmel Sternenland* (Zürich/Hamburg 2004) entnommenen Erzählungen *Sediment, Die einzig gültige Perspektive, Fort in die Welt, Übers Südkreuz und zurück* und *Blaue Sterne* wurden mit dem Adelbert-von-Chamisso-Förderpreis ausgezeichnet. Einige von ihnen erschienen in der Erstausgabe unter anderen Titeln.

Der Titel *behalte den flug im gedächtnis* ist eine Zeile aus dem Gedicht پرنده مردنی است (*Der Vogel ist sterblich*) von Forough Farrokhzad entliehen.

Bode, Sabine: *Kriegsenkel. Die Kinder der vergessenen Generation.* Stuttgart 2009

dies.: *Die vergessene Generation. Die Kriegskinder brechen ihr Schweigen.* Stuttgart 2004

Campbell, Paul-Henri: *nach den narkosen.* Heidelberg 2017

INHALT

1. Auflage

© edition AZUR, Dresden 2017

www.edition-azur.de

Gestaltung: Kraft plus Wiechmann, Berlin

ISBN: 978-3-942375-31-3